本书是国家社科基金青年项目"自由贸易协定对全球价值链重构的影响及对策研究"
(20CJY047）最终成果

自由贸易协定对全球价值链重构的影响及对策研究

宫毓雯 著

中国财经出版传媒集团
中国财政经济出版社
·北京·

图书在版编目（CIP）数据

自由贸易协定对全球价值链重构的影响及对策研究／宫毓雯著． -- 北京：中国财政经济出版社，2025.6.
ISBN 978 - 7 - 5223 - 4153 - 8

Ⅰ. F744；F11

中国国家版本馆 CIP 数据核字第 2025SF2399 号

责任编辑：陆宗祥　　　　　　责任校对：张　凡　时智智
责任印制：张　健

自由贸易协定对全球价值链重构的影响及对策研究
ZIYOU MAOYI XIEDING DUI QUANQIU JIAZHILIAN CHONGGOU
DE YINGXIANG JI DUICE YANJIU

中国财政经济出版社 出版

URL：http://www.cfeph.cn
E - mail：cfeph@cfeph.cn

（版权所有　翻印必究）

社址：北京市海淀区阜成路甲 28 号　邮政编码：100142
营销中心电话：010 - 88191522
天猫网店：中国财政经济出版社旗舰店
网址：https://zgczjjcbs.tmall.com
涿州汇美亿浓印刷有限公司印刷　各地新华书店经销
成品尺寸：170mm×240mm　16 开　13.25 印张　176 000 字
2025 年 6 月第 1 版　2025 年 6 月河北第 1 次印刷
定价：66.00 元
ISBN 978 - 7 - 5223 - 4153 - 8
（图书出现印装问题，本社负责调换，电话：010 - 88190548）
本社图书质量投诉电话：010 - 88190744
打击盗版举报热线：010 - 88191661　　QQ：2242791300

内 容 摘 要

过去三十年，以产品跨境生产阶段分散化为特征的全球价值链贸易迅速增长。与此同时，自20世纪90年代以来，国家之间自由贸易协定的签署数量也在快速增加，尤其是新签署的自由贸易协定中，包含了更多高标准的"边境内措施"议题，如竞争政策、资本流动、知识产权保护等。这两种经济现象的同时快速涌现，似乎在表明，自由贸易协定的签署，抑或是包含更多"高标准"议题的自由贸易协定的签署，与全球价值链贸易的快速增长之间存在着某种关联性。其背后的逻辑机制在于，与传统的最终产品贸易不同，全球价值链贸易对于贸易成本、国家间经贸关系的变化会更加敏感。由于产品的生产需要经历多个阶段、涉及多个国家及企业，关税及非关税的贸易成本的降低，以及高标准自由贸易协定所引致的区域内部企业契约环境的改善，均会对成员间的贸易及生产联系产生"扩大效应"。

近年来，受新冠疫情、地缘政治的全球性挑战，全球经济环境不确定性明显呈整体上升趋势，在不确定性事件会对全球供应链产生冲击的影响下，各国逐渐将产业链供应链的韧性与安全置于具体产业战略措施的优先位置。美国政府多次在不同场合强调，试图通过将生产制造等环节转移到"可信赖"的国家和地区，构建"友岸供应链"。基于此背景，本书具体从两个视角关注自由贸易协定对于内部区域价值链的"扩大效应"：一是本国生产效率较低的中间产品供应商被自由贸易协定成员国内效率较高的供应商取代，即"价值链创造效应"；二是自由贸易协定外更有效率的供应商被成员国内效率相对较低的供应商取代，即"价值链转移效应"。

基于此问题，本书先后基于案例、描述性统计、逻辑推演和实证分析展开分析。基于国际投入产出表的分解数据，分别考察了自由贸易协定及其条款深度对协定区域内成员国的"价值链创造效应"、区域外生产向区域内转移的"价值链转移效应"，以及对中国的"价值链挤出效应"。研究表明，自由贸易协定及其条款深度存在明显的"价值链创造效应"，尤其是对汽车制造业的影响最为明显；"价值链转移效应"则会在协定生效的5—10年后才逐渐显现，转移最明显的产业是纺织服装制造业；其他经济体间自由贸易协定及其条款深度对中国存在"价值链挤出效应"，主要受影响的产业是纺织服装制造业、造纸业和机械设备制造业；从条款异质的角度看，贸易便利化条款、TBT条款以及投资条款深度存在明显的"反向价值链转移"效应，即对第三国参与价值链存在正向溢出效应；从区域异质的角度看，距离相近的"天然贸易伙伴"间的自由贸易协定及其条款深度会产生更多的价值链创造效应和较少的价值链转移效应，而"非天然贸易伙伴"间的自贸协定及其条款深度则会导致更多的价值链转移效应。最后，综合主要研究结论，基于全球价值链视角，本书分别对我国区域经济一体化建设和如何应对以美国主导的亚太区域合作中的"外部"身份提出政策建议。

ABSTRACT

Over the past three decades, global value chain (GVC) trade, characterized by the fragmentation of production stages across borders, has grown rapidly. At the same time, since the 1990s, the number of free trade agreements (FTAs) signed between countries has also increased quickly. Notably, newly signed FTAs have increasingly included more deep "behind – the – border" provisions, such as competition policy, movement of capital, and intellectual property protection. The simultaneous rise of these two economic phenomena suggests a potential link between the signing of FTAs, especially those containing more deep provisions, and the rapid growth of GVC trade. The underlying logic is that, unlike traditional final goods trade, GVC trade is more sensitive to changes in trade costs and international economic relations. Given that the production of goods involves multiple stages and multiple countries and firms, reductions in tariff and non – tariff trade costs, along with the improvement of the intra – regional contractual environment brought about by high – standard FTAs, can have an "magnification effect" on trade and production links among member countries.

In recent years, due to the global challenges of the COVID – 19 pandemic and geopolitical tensions, the uncertainty in the global economic environment has significantly increased. In response to the impact of such uncertainties on global supply chains, countries have increasingly prioritized the resilience and security of supply chains in specific industrial strategies. The U. S. government, for instance, has frequently emphasized building "friend – shoring" supply chains by shifting production and manufacturing activities to "trusted" countries and regions. Against this backdrop, this study focuses on the "magnification effect" of FTAs on intra-regional value chains from two perspectives. On the one hand, the study examines the "matching creation effect," where less efficient domestic intermediate goods suppliers are replaced by more efficient suppliers within FTAs. On the other hand, it investigates the "matching diversion effect," where more efficient suppliers outside FTAs are replaced by relatively less efficient suppliers within FTAs.

This research addresses these issues through case studies, descriptive statistics, logical deductions, and empirical analysis. Usingcomputed data from international input-output tables, the study examines the effects of FTAs and the depth of their provisions on the "matching creation effect" within FTAs, the "matching diversion effect" of production shifting from outside the region to inside, and the "matching crowding-out effect" on China. The findings reveal that FTAs and the depth significantly contribute to the "matching creation effect," with the automotive industry being the most affected. The "matching diversion effect" tends to appear gradually 5 to 10 years after the FTA takes effect, with the textile and apparel industry being the most noticeably impacted. Furthermore, the FTAs and the depth of their provisions between other economies have a "matching crowding-out effect" on China, primarily affecting industries such as textiles and apparel, paper manufacturing, and machinery manufacturing. From the perspective of clause heterogeneity, deeper provisions in Trade Facilitation, TBT, and Investment clauses exhibit a significant "reverse diversion" effect, indicating positive spillover effects for third-country. From a regional heterogeneity perspective, FTAs and the depth of their provisions between "natural trade partners" result in more matching creation effects and fewer matching diversion effects, whereas FTAs between "non-natural trade partners" lead to more matching diversion effects.

Finally, synthesizing the main findings, this paper provides policy recommendations from a GVC perspective on promoting regional economic integration for China and on addressing China's "external" role in U. S. – led Asia – Pacific regional cooperation.

目录

第1章 引言 / 1
1.1 研究背景 / 3
1.2 研究特色与创新之处 / 6
1.3 研究范围的界定 / 7

第2章 文献综述 / 9
2.1 有关引力模型的理论框架研究 / 11
2.2 有关引力模型的实证分析研究 / 13
2.3 自由贸易协定政策效应的处理方法 / 17

第3章 与全球价值链紧密相关的FTAs议题 / 27
3.1 关税减让承诺 / 35
3.2 原产地规则条款 / 36
3.3 贸易便利化条款 / 37
3.4 技术性贸易壁垒条款 / 38
3.5 服务贸易条款 / 40
3.6 资本流动条款 / 42
3.7 自然人移动条款 / 42

3.8 数据流动相关条款 / 44
3.9 知识产权保护条款 / 45
3.10 竞争政策条款 / 47
3.11 投资条款 / 48

第 4 章 FTAs 视角下全球价值链重构的定义 / 51

4.1 总出口层面的价值链分解 / 53
4.2 双边出口层面的价值链分解 / 64
4.3 价值链分解中"双重计算"的定义 / 73
4.4 FTAs 视角下全球价值链重构的定义 / 78

第 5 章 自由贸易协定对全球价值链重构的影响机制分析 / 81

5.1 FTAs 对区域价值链的创造效应 / 83
5.2 FTAs 对区域价值链的转移效应 / 87
5.3 FTAs 区域价值链效应的异质性 / 90

第 6 章 自由贸易协定对全球价值链重构影响的实证分析 / 95

6.1 模型构建与数据来源 / 97
6.2 结构引力方程回归结果 / 101
6.3 自由贸易协定内生性问题的处理 / 106
6.4 稳健性检验 / 113
6.5 异质性分析 / 136

第 7 章 结论与政策建议 / 153

7.1 结论性评述 / 155
7.2 政策建议 / 159

参考文献 / 162

附件 A / 189

第1章

引　言

1.1　研究背景

20世纪90年代以来，随着信息通信技术的快速发展、交通运输的日益便利、交易成本的不断降低，以及贸易与投资自由化的持续推进，产品的生产过程日益呈现出"分散化"的特征，越来越多的企业选择将产品的生产过程分割至全球不同国家的多个厂商进行生产。在国际贸易领域的研究中，"垂直专业化"（Vertical Specialization，VS）、"全球价值链"（Global Value Chain，GVC）、"分散化"（Fragmentation）、"第二次解绑"（Second Unbundling）、"任务贸易"（Trade in Tasks）、"产品内专业化"（Intra-product Specialization）、"中间产品贸易"（Intermediate Trade）、"价值链分解"（Slicing the Value Chain）、"外包"（Outsourcing）、"离岸"（Offshoring）等诸多概念虽然在表述上各不相同，但事实上都在征表当前世界经济贸易发展的这一"生产过程分散化"的主要特征。与此同时，自20世纪90年代起，国家之间自由贸易协定（Free Trade Agreements，FTAs）的签署数量也在快速增加。世界贸易组织（WTO）数据库资料显示[①]，截至2024年2月，已有633个优惠贸易协定向WTO备案，已生效协定达386个，其中326个为自由贸易协定（占比84.46%）。更值得注意的是，新签署的自由贸易协定中，包含了更多高标准的"边境内措施"议题，如竞争政策、资本流动、知识产权保护等。这两种经济现象的同时快速涌现，

---

① 资料来源：https://rtais.wto.org/UI/PublicMaintainRTAHome.aspx，查阅日期：2024年2月29日。在本书中，优惠贸易协定（Preferential Trade Agreement，PTA），亦可称为区域贸易协定（Regional Trade Agreement，RTA），包含局部贸易协定（Partial Scope Agreement，PSA）、自由贸易协定（Free Trade Agreement，FTA）、关税同盟（Customs Union，CU）、共同市场（Common Markets，CM）及经济同盟（Economic Unions，EU）。其既包含双边贸易协定（Bilateral Trade Agreement），也包含两个以上国家签署的诸边贸易协定（Plurilateral Trade Agreement）；既包含世界贸易组织协定（Agreement Establishing the World Trade Organization，WTO Agreement）框架下的多边贸易协定（Multilateral Trade Agreement）、诸边贸易协定（Plurilateral Trade Agreement），也包含双边贸易协定（Bilateral Trade Agreement）。

似乎在表明，自由贸易协定的签署，抑或是包含更多"高标准"议题的自由贸易协定，与全球价值链贸易的快速增长之间存在着某种关联性。

其背后的逻辑机制在于，与传统的最终产品贸易不同，全球价值链贸易对于贸易成本、国家间经贸关系的变化会更加敏感。由于产品的生产需要经历多个阶段、涉及多个国家及企业，关税及非关税的贸易成本的降低，以及高标准自由贸易协定所引致的区域内部企业契约环境的改善，均会对成员间的贸易及生产联系产生"扩大效应"。然而，FTAs 对于内部区域价值链的"扩大效应"，一方面，可能来自本国生产效率较低的中间产品供应商被 FTAs 成员国内效率较高的供应商取代，即"价值链创造效应"；另一方面，也可能来自 FTAs 外更有效率的供应商被 FTAs 成员国内效率相对较低的供应商取代，即"价值链转移效应"。自由贸易协定，作为 WTO 多边机制下非歧视原则之———最惠国待遇原则的"例外"，本应具备天然的"排他性"特征，因而可能对区域外国家产生"价值链挤出"效应。据此，自由贸易协定的签署，尤其是"高标准"自由贸易协定的签署，究竟是否能促使区域内成员国之间的生产分工更加深化，产生"价值链创造效应"和"价值链转移效应"，又是否会对 FTAs 区域外国家产生"价值链挤出"影响，是本书主要关注的问题。

近年来，受新冠疫情、地缘政治的全球性挑战，全球经济环境不确定性明显呈整体上升趋势。全球经济政策不确定性指数（Global Economic Policy Uncertainty，GEPU）显示，不确定性在新冠疫情期间达到顶峰，目前虽有回落，但仍处于较高水平[①]。在不确定性事件会对全球供应链产生冲击的影响下，各国逐渐将产业链供应链的韧性与安全置于具体产业战略措施的优先位置。

尽管产业链的韧性可以从多个维度进行理解，如供应商合作韧性、地

---

① 按购买力平价计算的 GEPU 指数在 2020 年 5 月达到峰值，指数值为 437，在 2024 年 9 月已回落至 239，但仍高于 2008 年金融危机时期（指数为 205），且远高于 21 世纪初期（指数为 94）。数据来源网站：https://www.policyuncertainty.com/global_monthly.html，查阅日期：2024 年 10 月。

理韧性、企业技术韧性和产品韧性等①，但以美国为首的一些经济体却将供应链韧性问题聚焦在地理韧性这个单一维度，并提出"友岸外包供应链（Friend-Shoring Supply Chains）"的概念。美国政府多次在不同场合强调，要联手构建自由、安全的贸易环境，共同构建"友岸外包供应链"，试图通过将生产制造等环节转移到"可信赖"的国家和地区，减少对中国的依赖，尤其是在关键产品供应链上。在亚太区域一体化方面，美国在特朗普政府宣布退出亚太区域《跨太平伙伴关系协定（Trans-Pacific Partnership，TPP）》后，拜登政府主导制定的印太经济框架（Indo-Pacific Economic Framework for Prosperity，IPEF）于2022年5月启动，并在快速推进谈判进程。IPEF并不是WTO框架下的自由贸易协定，不包含传统的市场准入和关税减让等"边境上"条款，而是由四大支柱组成，即互联经济（贸易）、弹性经济（供应链）、清洁经济以及公平经济，更强调"边境内"议题，涉及更多各国国内规制的协调。

在逆全球化以及价值链友岸化、近岸化的经济新背景下，中国加快构建高标准FTAs网络，以积极、主动的姿态顺应国际形势变化，不仅有利于提高参与全球经济治理的制度性话语权，也是我国维护区域产业链、供应链稳定的重要途径。

我国一直积极顺应全球区域经济一体化趋势，且"实施自由贸易区战略"是党的十七大报告提出的国家战略之一；"十四五"规划中，也重申要坚持"实施自由贸易区提升战略，构建面向全球的高标准自由贸易区网络"，既要"推动RCEP的高标准实施"，也将"积极推动加入《全面与进步跨太平洋伙伴关系协定（CPTPP）》"。党的二十大报告进一步强调要稳步扩大规则、规制、管理、标准等制度型开放，展现出我国对高标准规则和制度的重视。2024年，党的二十届三中全会通过的《中共中央关于进一步全面深化改革、推进中国式现代化的决定》，突出强调"完善高水平对外开放体制机制"，其中，以推进加入CPTPP为契机，稳步拓展制度

---

① 赵忠秀，郑休休. 全球价值链研究的新议程 [J]. 国际贸易问题，2024，(01)：1-15.

型开放则是高水平对外开放的重要标志。

基于此,在全球对抗加剧、中美协作面临挑战之际,厘清与全球价值链相关的 FTAs 条款演化过程及深化特征,探析其对全球价值链重构的影响,不仅有助于刻画已有 FTAs 条款对全球价值链重构的影响,也有助于促进我国推进 FTAs 签署和高标准规则引领,助力亚太区域制造业价值链生态良好发展。

1.2 研究特色与创新之处

其一,本研究提供了一种考察自由贸易协定对生产联系影响的新方法。本研究突破了以往的单纯对贸易量的考察,而是借由投入产出计算方法,进一步考察自由贸易协定对贸易中成员国增加值和非成员国增加值变化的影响。这是对现有的文献中考察自由贸易协定的贸易结构影响的补充。现有文献对于贸易结构的影响研究仍局限于传统贸易数据下,考察自由贸易协定对于产业内贸易或零部件贸易的影响,而本研究基于投入产出数据分析下的垂直专业化贸易数据,为国家之间的贸易结构的刻画提供了不同层面的分析视角。

其二,本研究给出了实证研究"价值链创造"和"价值链转移"的新角度。分析区域经济一体化的福利效应时,通常是围绕"贸易创造"与"贸易转移"的概念展开,在全球生产分工的背景之下,这一概念可以基于 FTAs 对供应链布局变化的影响,延伸为"价值链创造"与"价值链转移"概念。本研究基于国际投入产出表,以双边贸易中含彼此增加值的变化来考察 FTAs"价值链创造"效应,以双边贸易中含非 RTAs 成员增加值的变化来考察 FTAs"价值链转移"效应,提供了实证研究此问题的新思路。

其三,现有的关于自由贸易协定政策效应的实证分析中,常常采用单一的分析方法,且忽视自由贸易协定的内生性问题、转移效应、滞后效应、预期效应等。本研究的实证分析尽可能全面地使用不同的分析方法，包括结构及 PPML 引力方程；在处理内生性问题时，也分别使用了包含对称国别配对固定效应、倾向得分匹配法及工具变量法；在稳健性检验部分，分别通过考虑国内贸易流、基于间隔年数据、考量 FTAs 政策的滞后及预期效应共四个层面展开，充分考量了各种实证分析方法所存在的优势与缺陷，给出了有关自由贸易协定政策效应的稳健分析结果。

其四，本研究在构建 FTAs 条款深度指标时，基于世界银行深度贸易协定（Deep Trade Agreements，DTA）数据库和瑞士卢塞恩大学构建的区域贸易协定电子商务和数据条款（Trade Agreements Provisions on Electronic-commerce and Data，TAPED）数据库，选取了 10 个与全球价值链紧密相关的 FTAs 议题，并对数据库进行了清理，删除了一些重复或相斥的子指标，并平衡了各个子条款的权重，构建了与全球价值链紧密相关 FTAs 深度条款总指标，指标取值为 0—1。在异质性实证分析中，也进一步考察了 FTAs 子条款的异质性影响，分别为：原产地规则条款、贸易便利化条款、技术性贸易壁垒条款、服务贸易条款、资本流动条款、自然人移动条款、数据流动条款、知识产权保护条款、竞争政策条款、投资条款以及服务贸易条款，这些子条款的指标值也为 0—1。

1.3 研究范围的界定

其一，本研究关注的影响因素界定于自由贸易协定。影响国家间贸易规模和生产链布局的因素诸多，自由贸易协定一定不是最主要的影响因素，但本研究仅关注自由贸易协定对于生产链布局的政策影响力，且研究的目的不在于比较自由贸易协定与其他因素的影响程度差异，而仅在于测度自由贸易协定对于区域价值链是否存在"创造效应"和"转移效应"，并基于中国政策的考虑，考察其他国家间签署 FTAs 是否会对中国产生价值链"挤出效应"。此外，本研究也不考虑关税同盟等其他区域经济一体化形式对于价值链布局的影响，因为其条款结构与自由贸易协定存在的差距较大，无法进行条款深度的比较。

其二，本研究的影响对象界定于垂直专业化贸易，并基于此延伸出"价值链创造""价值链转移""价值链挤出"的概念。根据胡梅尔斯等（Hummels et al., 2001）对于垂直专业化贸易的定义可知，垂直专业化贸易并不等同于中间产品贸易，当产品的生产过程两次或两次以上跨越一国边境时，最终产品贸易也可体现垂直专业化特征。据此，本研究的研究对象界定于垂直专业化贸易，关注其主要特征，即产品的生产需要多国协作，产成品生产过程多次跨越国境。

其三，本研究的研究范围界定于制造业领域。本研究不涉及农业及服务业，这是因为，一方面，从全球价值链特征看，这些行业与制造业的价值链生产模式仍存在较大差异，农业与服务业生产链往往短于制造业（Antras and Chor, 2018），应当区别分析；另一方面，从贸易规则的角度看，制造业与农业、服务业的规则谈判也存在较大差异，如农产品贸易领域常作为国际产品贸易规则的"例外"（Staiger and Sykes, 2010）。

第 2 章

文献综述

2.1　有关引力模型的理论框架研究

引力模型是研究 FTAs 对于双边贸易政策效应问题的常用工具之一，是国际贸易研究领域评估双边贸易影响因素的主要模型，因标准化方程结构与物理学中"万有引力定律"相似而得名，即双边贸易量与进出口国双方的经济规模正相关，与贸易距离呈负相关（$Export_{ij} = Constant \cdot (Income_i \cdot Income_j / Distance_{ij})$）。自廷贝亨（Tinbergen, 1962）提出至今，引力方程在国际贸易研究领域得到多项研究的验证，具有良好的理论基础和经验支持。本书关于引力模型相关研究的综述顺序，正与其发展脉络相反，此部分将首先介绍引力模型的理论框架研究进展，因为：虽然引力方程的理论研究远滞后于实证研究，但正是随着理论研究的推进，对于引力方程在实证分析中的运用提出了更高的要求，更强调了使用的规范，此后基于理论基础的实证分析才更加科学、严谨。

自 1962 年廷贝亨提出引力方程以来，标准化的引力方程被广泛应用于双边贸易量影响因素的实证分析，但理论基础研究远滞后于实证研究，首个理论模型框架的构建始于安德森（Anderson, 1979）。其基于阿明顿假设（每个国家专业化生产产品）和国际收支平衡条件，分别推导出科布—道格拉斯（Cobb-Douglas）及 CES 效用函数下类似标准化引力方程的基本表达式。同时指出，理论模型推导下的引力方程与标准化引力方程之间仍存在差别，在其理论模型框架下，贸易阻碍是双边距离 $distance_{ij}$ 的函数 [$\tau_{ij} = f(distance_{ij})$]，但在标准化的引力模型中没有考虑此种非线性的函数关系，同时，标准化的引力方程也没有考虑加权平均贸易阻碍对于双边贸易的影响。

20 世纪 80 年代，随着克鲁格曼（Krugman, 1980）将迪克西特—斯蒂格利茨（Dixit and Stiglitz, 1977）的垄断竞争、规模经济及差异化产品的分析框架引入国际贸易理论（新贸易理论），伯格斯特兰德（Berg-

strand，1985）基于此理论框架推导出类似的引力方程。在理论模型中，伯格斯特兰德（1985）使用 $Tariff_{kj}Cost_{kj}Exchange_{kj}^{-1}$ 对数线性化地刻画了贸易成本，即贸易成本与进口国的关税和运费正相关，与汇率水平负相关，并在实证检验中，使用 FTA 虚拟变量作为关税水平的代理变量，用双边距离作为运费的代理变量，同时考虑了多边贸易阻碍对于双边贸易的影响，将进出口价格指数及 GDP 平减指数作为代理变量。伯格斯特兰德（1989）在类似的垄断竞争异质性产品框架下，进一步将国家间要素禀赋差异引入模型，厂商生产产品需要投入劳动与资本两种生产要素，同样推导出了类似的引力方程，使模型可以用于分析双边贸易与出口国的资本—劳动比以及进口国人均 GDP 之间存在的相关性。

值得注意的是，无论是安德森（1979）基于阿明顿假设，还是伯格斯特兰德（1985、1989）基于垄断竞争框架下推导的引力模型，都在假设国家或厂商之间存在完全专业化的生产。伊顿—科特姆（Eaton and Kortum，2002）沿用多恩布什（Dornbusch et al.，1977）分析框架，基于李嘉图（Ricardian）模型推导出类似的引力方程，模型中不再假设国家间存在完全专业化生产，而是在完全竞争市场下每个国家生产连续的同质产品，但各国产品生产的技术水平存在差异，生产率服从 Frenchét 分布。在该框架下，贸易壁垒对于贸易量的弹性与各国的生产率相关（$\tau_{ij}^{-\theta}$），两国的技术水平越相似（θ 越大），其对于贸易成本的变动就越敏感。

近年来，随着梅利兹（Melitz，2003）将异质性企业引入垄断竞争分析框架下，一些学者也基于新贸易理论推导了类似的引力模型（Chaney，2008；Helpman et al.，2008）。在该框架下，企业的出口成本除可变成本（τ_{ij}）外，还包含固定成本（f_{ij}），各国企业的生产率随机分布，因此，出口成本不仅会影响出口企业的出口量——"贸易强度"（Intensive Margin），还会影响出口企业的数量——"贸易广度"（Extensive Margin）。赫尔普曼等（Helpman et al.，2008）强调，与标准化的引力模型不同，异质性企业理论框架下推导的引力方程刻画了国家间发生零贸易的原因，考虑了因为出口企业生产率限制而产生的零贸易问题。综上所述，这些引力模型虽然建立在不同的市场结构假设基础上，却均能推导出类似标准化的引力方程（Arkolakis et al.，2012；Head and Mayer，2014）。

此外，一些学者从全球价值链视角也推导了类似的引力方程。鲍德温和塔里奥尼（Baldwin and Taglioni，2011）尝试在引入中间产品贸易的模型下推导引力方程，其沿用经济地理学领域克鲁格曼和韦纳布尔斯（Krugman and Venables，1996）的"垂直生产链模型（Vertical Linkage Model）"研究框架，在差异性产品、垄断竞争及规模经济模型下，假设产品的生产除劳动要素投入外，还需使用各部门的中间产品用于生产，也推导出了类似标准化的引力方程。鲍德温和塔里奥尼（2011）强调，当在贸易模型中考虑中间产品的投入时，影响两国贸易流量的就不仅是进口国对最终产品的需求，还包括其对中间投入产品的需求。[1]

另一些学者基于产业层面也得出了类似的引力方程，安德森和约托夫（Anderson and Yotov，2016）基于阿明顿（Armington）模型，科斯蒂诺特等（Costinot et al.，2011）及乔尔（Chor，2010）基于李嘉图模型，卡列恩多和帕罗（Caliendo and Parro，2015）在伊顿—科特姆（2002）模型基础上，进一步考虑行业层面的投入产出联系，以及考虑了资本积累的动态框架模型（Olivero and Yotov，2012；Anderson et al.，2015；Eaton et al.，2016）。安德森和约托夫（2010，2012）的研究表明，结构引力方程不仅可以用于产业层面的实证分析，而且可以有效地减少估计偏差。

2.2 有关引力模型的实证分析研究

国际贸易学科一般使用引力模型来分析国家之间双边贸易模式及影响

---

[1] 因此，国家间中间投入品贸易占比越高，实证分析中仅使用GDP作为代理变量，而不考虑中间投入品的需求，带来的估计偏差就会越大。但是，当使用固定效应控制国家的个体特征时，则无须考虑此种偏差。

因素。引力模型自廷贝亨（1962）提出以来，在实证研究领域得到了多项研究的经验支持。但随着理论框架的日趋完善，诸多学者逐步意识到，使用引力方程进行实证分析还需考量诸多因素，否则其估计结果常常有偏且不一致。鉴于此，此部分首先将对引力方程实证分析中需要注意的两个问题——"多边贸易阻力项"和"零贸易问题"的处理方法进行综述，然后在下一小节中，将进一步对本书的主要研究对象——自由贸易协定的处理方法进行综述。

2.2.1 多边贸易阻力项的处理方法

从上述引力模型的理论研究进展可知，安德森（1979）在基于阿明顿假设推导出引力模型的理论框架时，就指出具有理论基础的引力方程与标准引力方程之间存在的诸多差异，尤其是标准的引力方程没有考虑加权平均贸易阻碍对于双边贸易的影响，会导致标准引力方程的实证分析结果有偏且不一致。伯格斯特兰德（1985、1989）基于垄断竞争框架模型推导的引力模型也注意到了此问题，并在实证分析中使用了进出口价格指数、GDP平减指数、批发价格指数作为加权平均贸易阻碍的代理变量。

安德森和温库普（Anderson and Wincoop，2003）是最先对"多边贸易阻力项（Multilateral Resistance Term，MRT）"进行系统性论证的人。其指出，影响双边贸易的因素会同时影响进出口双方的"多边贸易阻力项"，并给出了隐性求解不可观测的"多边贸易阻力项"的公式，强调在使用引力方程进行实证分析时，需要使用非线性的最小二乘法才能得到一致估计量。安德森和温库普（2003）的研究背景是McCallum的"边界之谜（Border Puzzle）"——麦考勒姆（McCallum，1995）使用标准引力模型的研究发现，美国与加拿大之间的"边界效应（Border Effect）"，使1988年加拿大省际贸易量是美加贸易量的22倍，安德森和温库普（2003）采用考虑了"多边贸易阻力项"的引力方程进行实证分析的结果表明，加拿大省际贸易量仅是美加贸易量的10.5倍，远低于麦考勒姆（1995）的估计结果。

安德森和温库普（2003）对于"多边贸易阻力项（MRT）"的实证处理方法，虽然可以有效地保证模型估计的一致性，但处理的方法却较为复杂。同时考虑到控制"多边贸易阻力"对于引力方程的实证估计极为重要，越来越多的学者倾向于使用"国家固定效应"来控制进、出口国的个体特征，实证研究表明，这种方法的实证结果与隐性求解"多边贸易阻力"的方法差异不大，同样能保证引力方程的一致估计，只是会丧失一部分估计的有效性（Redding and Venables, 2004；Baier and Bergstrand, 2007；Horn et al., 2010；Fugazza and Nicita, 2010；Feenstra, 2015）。

需要注意的是，固定效应方法的缺陷在于，使用控制"国家固定效应"进行一致估计，无法考察具有国别特征变量的影响，如基础设施、海关便利化等。一些学者提出构建"距离指数（remoteness indexes）"估计"多边贸易阻力项（MRT）"（Wei, 1996；Helliwell, 1997；Baier and Bergstrand, 2009）。贝尔和伯格斯特兰德（Baier and Bergstrand, 2009）给出了估计"多边贸易阻力项（MRT）"线性近似值（借助于一阶泰勒级数展开）的方法，简化了安德森和温库普（2003）的非线性估计方程，基于蒙特卡罗技术（Monte Carlo, MC）的估计结果表明，其与非线性最小二乘和固定效应的估计值相等，此方法的估计值是一致的。

2.2.2 零贸易问题的处理方法

标准的引力方程在实证分析中仅可解释影响国家间贸易量大小的因素，却无法解释国家间所存在的零贸易的事实，即为什么国家间发生/不发生贸易。

一方面，标准引力方程的实证分析，只选择性地考察了发生贸易的国家间贸易大小的影响因素，而决定双边贸易是否能进入标准引力方程实证样本的"选择机制"是——国家间发生贸易，这种"样本选择"［sample selection，又被称为"偶然断尾"（incidental truncation）］的存在则会导致估计的"选择性偏差"（selection bias）。一般而言，解决"选择性偏差"的实证方法主要包括：赫克曼（Heckman，1979）的"两步估计法"① 和极大似然估计法（陈强，2014）。陈和马图（Chen and Mattoo，2008）指出，采用标准的赫克曼（1979）"两步法"估计引力方程时，第一步Probit概率模型无法控制固定效应，可能会产生冗余参数问题（incidental parameter problem），因此，其借鉴奥尔森（Olsen，1980）的处理方法，第一步采用线性概率模型（Linear Probability Model，LPM）而非Probit概率模型，来处理"选择性偏差"。西尔弗和特内雷罗（Silver and Tenreyro，2006）的实证研究结果表明，使用泊松最大似然比估计方法（Poisson Pseudo–Maximum–Likelihood，PPML）可以更有效地处理对数线性化引力方程中的零贸易和异方差问题，获得一致估计。

另一方面，从上述引力模型的理论研究进展可知，将异质性企业理论引入引力模型框架的研究表明，出口成本的变化不仅会影响出口企业的出口量——"贸易强度"（Intensive Margin），还会影响（由生产率水平内生决定的）出口企业的比例——"贸易广度"（Extensive Margin）。因此，零贸易问题带来的估计偏差，可能来源于"样本选择偏差"，也可能来源于（由生产率水平内生决定的）出口企业的比例。在估计引力方程时，不考虑企业的异质性，会高估贸易壁垒对于双边贸易的影响。赫尔普曼等（2008）修正赫克曼（1979）"两步法"，采用Probit和非线性最小二乘（Non–linear Least Squares，NLS）的实证研究结果表明，标准的引力方程中贸易阻碍对于双边贸易的影响程度被严重高估了，修正后的回归方程中，FTA的影响不再显著，这可能说明FTA对于厂商是否进入市场有影响，但对于进入市场后的贸易规模无影响。赫尔普曼（2008）的实证研究同时表明，这种由于不可观测的企业异质性带来的估计偏差，远大于"样本选择偏差"。

---

① 先用Probit估计（出口的）概率方程，求得"逆米尔斯比率"（Inverse Mills Ratio，IMR），再将IMR带入回归方程做OLS。

2.3 自由贸易协定政策效应的处理方法

从上述引力模型的理论研究进展可知，在引力模型框架下考察自由贸易协定对双边贸易影响的政策效应，其理论支撑是将 FTAs 看作贸易壁垒（τ_{ij}）的影响因素之一，在引力方程的实证分析中，通常以虚拟变量的形式作为贸易壁垒的代理变量之一，进出口国签署 FTA 取 1，否则取 0。

2.3.1 自由贸易协定的内生性问题

早期的研究（Sapir，1981；Baldwin，1994）没有考虑 FTAs 的内生性问题，多将 FTAs 看作外生变量，使用截面数据（一年/多年）估计 FTAs 对于双边贸易的平均处理效应（Average Treatment Effect，ATE），这些实证结果表明，FTAs 的影响常常是不稳定的，且在某些年 FTAs 的影响可能为负。正是忽视了 FTAs 的内生性问题，才导致这些估计结果是有偏且不一致的。FTAs 的内生性偏差主要来源于遗漏变量（Baier and Bergstrand，2007）。虽然引力方程能够较好地解释双边贸易的影响因素，并且一些学者指出应在引力方程框架基础之上，尽可能多地考虑可能影响双边贸易的其他因素，诸如政治、历史、FDI、统一货币、汇率（Frankel et al.，1997）。但是，仍然存在诸多影响因素是不可观测的，如政策性贸易壁垒，而这些不可观测的影响因素，同时也在影响国家间签署 FTAs 的可能性。

为解决这一问题，诸多学者尝试采用不同方法：第一，工具变量。贝尔和伯格斯特兰德（2002、2004、2007）、梅吉（Magee，2003）以及埃格尔等（Egger et al.，2011）等试图寻找合适的工具变量，如"经济体的民主程度"（Mansfield et al.，2002）、"FTAs 的谈判成本"、"对数 GDP 的差"、"产业内贸易量"、"双边贸易顺差/逆差额"、"资本/劳动比相似度"、"是否均为民主制国家"（Magee，2003）、"是否曾经是殖民地"、

"在1945年后是否曾经是殖民地"、"是否曾经属于另一国"（Egger et al.，2011）等，但由于这些工具变量，即便在特定条件下，可以通过统计意义上的过度识别检验，但在经济现实角度下却很难满足严格外生的条件。贝尔和伯格斯特兰德的一系列研究验证，工具变量回归结果并不理想，使用该方法时，FTAs的平均处理效应并不稳定。第二，固定效应。贝尔和伯格斯特兰德（2007）研究表明，采用面板数据进行回归，控制进出口国的国别配对（Country-pair）的固定效应，可以得到一致的估计量，并同时指出，采用一阶差分的估计结果会更加有效。第三，匹配估计（Matching）。匹配估计方法不仅可以有效地解决FTAs的内生性问题，还可以在考察贸易政策实施的平均处理效应的同时，考察已处理的平均效应（Average Treatment Effect on the Treated，ATT）。埃格尔等（2008）采用双重差分匹配估计法考察了FTAs内新成员的加入对于已签署FTAs的成员国贸易结构（产业内贸易）的影响（ATT），贝尔和伯格斯特兰德（2009）采用A-I匹配技术（Abadie & Imbens，2006），分别估计了9期横截面数据中，FTAs签署的平均处理效应（ATE）和已处理的平均效应（ATT），并对两个影响较大的FTAs进行了特殊分析，其估计结果与埃格尔等（2008）基本一致，FTAs中随着新成员的加入，原始成员国之间的贸易会发生显著下降。董有德（2014）采用A-I匹配技术，对我国所签署FTAs的政策效应进行分析，实证结果表明，基于引力方程的OLS估计低估了贸易协定对我国贸易的影响，现有贸易协定明显促进了我国对外贸易的发展。

2.3.2 自由贸易协定的条款深度

早期关于自由贸易协定政策效应的实证分析中，通常采用单个虚拟变量度量FTAs的政策效应，这种方法隐含的假设是：所有自由贸易协定的内容与效应均相同。而在现实情况中，即便是同一国家与不同经济体所签署的FTAs，具体条款与互惠内容也存在差异。鉴于此，多位学者与机构尝试对 FTAs 中所包含的具体条款与法律上的可实施性进行评估,以区分不同 FTAs 的自由化程度。

霍恩等(Horn et al.,2010)基于欧盟与美国所签署的 28 个优惠贸易协定,首次将优惠贸易协定的条款内容(52 条条款)划分为"WTO +"条款和"WTO – X"条款两大类:一方面,"WTO +"条款是在 WTO 框架下[关税及贸易总协定(General Agreement on Tariffs and Trade,GATT)、服务贸易总协议(General Agreement on Trade in Services,GATS)、与贸易有关的知识产权协议(Trade – Related Aspects of Intellectual Property Rights,TRIPS)等]已做出相应承诺的条款,以边界政策为主,优惠贸易协定的签署是对 WTO 框架下已承诺议题的重申或做出进一步的减让;另一方面,"WTO – X"条款是目前 WTO 框架下尚未达成一致的条款,是涉及"边境内措施"的"新一代贸易政策"议题,优惠贸易协定的签署是对 WTO 框架下未承诺议题的补充,如劳工标准、环境保护、资本流动等。其次,霍恩等(2010)对这些条款是否能够在法律上有效实施(Legal Enforceability)进行了区分,区分的原则在于:一是条款中缔约双方的各项义务是否已明确、具体的"法律术语"阐述清楚;二是贸易协定中是否明确表明某条款不适用于争端解决机制。当且仅当优惠贸易协定条款同时满足这两个条件时,才是具有实际法律效力的条款。

2011 年《世界贸易报告》基于霍恩等(2010)的分析框架,进一步将协定扩充至 96 个。研究结果表明,近期优惠贸易协定中包含了越来越多的"边境内措施"议题,如知识产权保护、促进竞争政策、投资措施、资本流动等,且这些议题更多出现在发达国家签署的贸易协定中,尤其是发达国家之间签署的贸易协定;发达国家与发展中国家间签署的优惠贸易协定中也包含了更多的"WTO – X"议题。盛斌和果婷(2014)也基于霍恩等(2010)研究成果,比较分析了亚太区域自由贸易协定条款的"覆盖率"(FTAs 涵盖条款数目与总条款数目的比率),以及"承诺率"(具有法律效力的条款数目与 FTAs 涵盖的条款数目的比率),研究结果表明,亚太地区"WTO +"条款的覆盖率和承诺率分别是 76% 和 93%,"WTO –

X"条款的覆盖率和承诺率分别是32%和84%。霍夫曼等（Hofmann et al.，2017）同样基于霍恩等（2010）的分析框架，进一步将协定样本增加至279个①，研究结果表明，超过半数的优惠贸易协定中包含具有法律约束力的"WTO+"条款，包含具有法律约束力的"WTO-X"条款的优惠贸易协定占比为1/3。进一步地，霍夫曼等（2017）重点考察了52个议题中的"核心条款"，即与市场准入及全球价值链生产紧密联系的条款（Baldwin，2008；Damuri，2012），具体包含所有"WTO+"条款（14个）及4个"WTO-X"条款（竞争政策，投资条款，资本流动，知识产权），研究表明，1/3的优惠贸易协定中包含所有具有法律约束力的"核心条款"，近90%的优惠贸易协定中至少包含一个具有法律约束力的"核心WTO-X条款"，1/3的优惠贸易协定中包含所有具有法律约束力的"核心WTO-X条款"。

在优惠贸易协定一体化程度的计算方面，奥雷菲斯和罗查（Orefice and Rocha，2014）提供了多种构建衡量优惠贸易协定一体化程度指数的可行思路：第一，对具有可实施性条款数量的简单加总，但缺点在于赋予每个子条款相同的权重，假设子条款的政策效应相同。第二，采用主成分分析法（Principal Component Analysis，PCA），对各自由贸易协定中的条款赋予权重并构建指数，但缺点在于WTO统计数据库中所包含的诸多FTAs中的子条款，如文化合作等，事实上与垂直专业化贸易无关。第三，首先通过主成分分析法选取5个最具解释能力的子条款，包含2个"WTO+"条款（国有贸易企业、TRIPS相关措施），以及3个"WTO-X"条款（竞争政策、资本流动、知识产权），并进一步使用主成分分析法赋予其各自权重并构建指数。科尔等（Kohl et al.，2016）也通过对具有可实施性条款数量简单平均的方式，计算优惠贸易协定的一体化程度。与奥雷菲斯和罗查（2014）不同的是，其不仅构建了计算衡量优惠贸易协定总体一体化

---

① 详情可见World Bank数据库：http://data.worldbank.org/data-catalog/deep-trade-agreements。

程度的指标，还基于优惠贸易协定中包含的"WTO＋"条款及"WTO－X"条款数量分别构建指标①。霍夫曼等（2017）采用以下方法计算优惠贸易协定的一体化程度：首先，与奥雷菲斯和罗查（2014）相同，其分别采用可实施性条款数量的简单加总，以及主成分分析法，对各条款赋予权重后加总构建指数；其次，依据鲍德温（2008）和达穆里（Damuri，2012）的研究，选取18个与市场准入及全球价值链生产紧密联系的"核心条款"，具体包含所有"WTO＋"条款（14个）及4个"WTO－X"条款（竞争政策、投资条款、资本流动、知识产权），构建基于"核心条款"约束数量加总的一体化指数。

然而，此种方法仅依据"WTO＋"条款及"WTO－X"条款的法律实施性对其进行赋分，未能显示出子条款内容的具体差距。基于此，一些学者对一些子条款的差异性内容展开分析，如林梦瑶和张中元（2019）考察了竞争政策中四大类条款对直接投资的影响，分别是竞争政策的监管条款、合作条款、"横向原则"条款及国有企业条款。研究表明，除监管条款对直接投资产生负面影响外，其他三类条款均对双边直接投资有明显的提高作用。刘志中和陈迁影（2022）基于区域贸易协定电子商务和数据条款数据库（TAPED）中的数字贸易条款数据，考察了区域数字贸易规则深度对服务出口二元边际的影响。上述这些文章往往仅聚焦于贸易协定的某个条款的内容展开量化分析，而世界银行团队马图等（Mattoo et al.，2020）则创立了深度贸易协定数据库，包含出口限制措施、服务贸易条款等共16个子条款的分析，提供了量化贸易协定条款深度的新视角②。丰塔涅等（Fontagné et al.，2023）基于此数据库展开了研究，将贸易协定按条款深度划分为高、中、低三个等级，研究结果表明，深度贸易协定对成员国贸易的促进作用更高，为3.9%。

---

① Kohl等（2016）对优惠贸易协定中"WTO＋"条款及"WTO－X"条款的分类与Horn等（2010）有所不同。具体来看，仅包含13条"WTO＋"条款及4条"WTO－X"条款（资本流动、竞争政策、环境保护、劳动力市场管理）。

② 世界银行深度贸易协定数据库网站：https://datatopics.worldbank.org/dta/table.html。

2.3.3 自由贸易协定的时滞性

在引力方程中使用虚拟变量考察 FTAs 的平均处理效应时,还隐含着假设:FTAs 在生效当期就对双边贸易产生影响,并且仅在当期对双边贸易产生影响。然而,在现实中,自由贸易协定的关税减让表通常是逐步 (Phase – in) 实施的,即便是立即生效,FTAs 对于双边贸易的影响也往往是几年后才逐步显现的。鉴于此,有学者在实证估计 FTAs 的政策效应时,在方程中引入 FTAs 虚拟变量的滞后项,更能真实反映 FTAs 的累积效应 (Baier and Bergstrand, 2007; Magee, 2008)。贝尔和伯格斯特兰德 (2007) 的实证研究表明,FTAs 生效后对贸易的滞后影响在 10 年左右。此外,也有一些学者强调 FTAs 谈判过程中预期效应对于双边贸易的影响 (Magee, 2008; Mölders and Volz, 2011),默尔德斯与沃尔茨 (Mölders and Volz, 2011) 将 FTAs 的政策效应划分为五个步骤:提议、签署框架协议、协商、签署 FTAs 以及生效,分别考察了 FTAs 在不同步骤下的贸易促进效应。

2.3.4 自由贸易协定的贸易转移效应

维纳 (Viner, 1950) 的关税同盟理论早就指出,关税同盟的成立会同时产生贸易创造效应和贸易转移效应。同理,FTAs 的成立,一方面会使区域内成员之间的贸易增加;另一方面,也可能会使区域内成员与区域外国家之间的贸易减少。在引力方程中,使用单个虚拟变量考察 FTAs 的政策效应时,无法考察 FTAs 成员国之间的贸易增加是源于贸易创造效应,还是贸易转移效应。

鉴于此,一些学者在引力方程中同时引入"贸易转移"虚拟变量,以考察 FTAs 建立对于区域内成员与区域外国家间贸易的影响。一般的处理方法是,引入一个"贸易转移 (Trade Diversion, TD)"虚拟变量,$TD =$ 进(出)口国与其他国家签署某 FTA 时取 1,否则为 0 (Bayoumi and

Eichengreen, 1997; Frankel et al., 1997; Krueger, 1999; Magee, 2008)。或同时引入两个"贸易转移（TD）"有关的虚拟变量（Soloaga and Winters, 2001; Carrère, 2006），TD_1 = 进口国与其他国家签署某 FTA 时取 1，否则为 0；TD_2 = 出口国与其他国家签署某 FTA 时取 1，否则为 0。卡雷尔（Carrère, 2006）实证研究了 7 个 FTA 的贸易创造效应与转移效应，研究结果表明，FTAs 的签署在使区域内贸易大幅增加的同时，也会使区域内国家从区域外国家的进口减少，有些 FTAs 还会使区域内国家对区域外国家的出口减少。李与申（Lee and Shin, 2006）的实证研究表明，由于东亚地区是天然的贸易伙伴（地理毗邻）①，东亚区域内各 FTAs 更多地表现为增加成员国之间的贸易，而不减少成员国与非成员国之间的贸易，但东亚地区国家与区域外国家签署 FTAs，则可能会使 FTAs 成员国与区域内其他国家之间的贸易减少。然而，曹亮等（2013）基于中国—东盟自由贸易区的研究则表明，CAFTA 的建立使非东盟国家对中国的出口平均提高了 16.18%，并没有发生明显的贸易转移效应。戴等（Dai et al., 2014）基于 1990—2002 年 40 个国家国际标准产业分类制造业大类（2 - digit ISIC）数据，通过引入虚拟变量的方法，证实了 FTAs 存在贸易转移效应。

此外，也有学者研究单个 FTA 的贸易转移效应，梅吉（2008）使用 20 世纪后期的数据估计了 15 个单独的 RTAs 的创造/转移效应，包括北美自由贸易协定（NAFTA）、1986 年欧盟扩大、1992 年欧盟与几个中欧国家之间的双边 RTAs、南方共同市场（Mercosur）、东南亚国家联盟（ASEAN）以及拉美和非洲国家之间的一些 RTAs，在 15 个 RTA 中，只有 8 个在创造新贸易方面表现出效果（控制其他因素），其他的则没有显著增加或减少贸易，且在这 8 个 RTA 中，只有两个（1986 年的欧盟扩大和 20 世纪 90 年代初的欧盟关联协议）被发现导致了贸易转移。梅吉

---

① Wonnacott and Lutz (1989)、Summers (1991), Krugman (1991, 1993)，以及 Frankel, Stein and Wei (1995)，基于经济地理学研究框架指出，地理位置临近的国家是天然的贸易伙伴，彼此之间签署自由贸易协定的贸易创造效应将大于转移效应。

（2008）发现，北美自由贸易协定（NAFTA）（第二大RTA，其内部贸易占世界贸易总额的约8%）创造了贸易，并产生了"反向贸易转移"——也就是说，控制其他因素后，NAFTA使被排除国更容易向美国、加拿大和墨西哥出口，而不是更难。

马图等（2022）基于2002—2014年95个国家间产品层面贸易数据，借鉴Fugazza and Nicita（2013）构建的指标，用国别配对的关税贸易限制指数（Tariff Trade Restrictiveness Index，TTRI）和进口国相对市场准入幅度（Relative Preferential Margin，RPM）分别在模型中衡量区域贸易协定"边境上"关税减让的贸易创造和贸易转移效应；借鉴霍夫曼等（2017）构建的贸易协定条款深度指标，用国别配对的贸易协定深度和进口国与其他国家贸易协定平均深度在模型中衡量区域贸易协定深度的贸易创造和转移效应；研究表明，相较于边境上的关税减让，深度一体化的贸易协定会产生更多的贸易创造效应和较少的贸易转移效应，从实证角度证明了贸易协定的深度一体化条款可能存在"反向贸易转移效应"。

也有一些学者将对非RTAs成员国的影响称之为"第三方效应"。李等（Lee et al.，2023）基于哥斯达黎加企业层面的数据研究表明，RTAs的签署增加了非RTAs成员向RTAs区域出口的概率，且协定的条款深度越高，对于非RTAs成员国企业的正向溢出效应越大，尤其是当RTAs包含具有"非歧视性"或"规则监管类"条款时，如TBT/SPS条款。韩剑等（2024）基于中国企业层面的数据研究了类似问题，研究表明，新老出口目的国之间的RTAs及其深度对中国企业出口存续具有积极的"正向溢出效应"，即具有"第三方效应"，且WTO+条款、WTO-X条款以及非歧视条款深度的提高均会产生显著的"第三方效应"。

近几年，一些学者也尝试基于国际投入产出表数据测算贸易转移效应，穆拉多夫（Muradov，2021）也是使用OECD—ICIO数据测算了贸易创造与转移效应，但与本研究不同的是，穆拉多夫（2021）的拆分是基于贸易创造或转移的变化对GDP增长的贡献度来测算的，其基于统计趋势的分析表明，FTAs并没有明显的贸易创造或转移效应，但并没有进一步做因果实证研究。洛斯等（Los et al.，2016）开创性地将假设抽取法①（Hypothentical Extraction Method，HEM）用于国际投入产出表，Dietzenbacher（2019）进一步完善了此方法，并称其为"全球抽取法"（Global Extraction Method，GEM），其基于2014年WIOD数据，研究了将中国、美国和德国汽车制造业"抽取"后的影响。进一步地，贾梅蒂（Giammetti，2020）指出，"全球抽取法"可适用于研究贸易转移问题，因为其提供了当一个国家某个产业停止生产后，对于全球其他国家各产业的影响，并基于2014年WIOD数据评估了英国脱欧后对英国、欧盟及总体的影响。可见，此种方法实际上是基于国际投入产出表数据的反事实分析，能够分析某个FTAs生效（或失效）后，在考虑贸易创造和转移发生的情况下，对某个国家或区域经济发展的影响。

---

① 假设抽取法的基本原理是基于投入产出表数据，将一个产业部门从经济系统中"抽取"，进而通过对比"抽取"前后整个经济系统的变化来评估该产业对于整个经济系统的影响。

第3章

与全球价值链紧密相关的FTAs议题

第3章 与全球价值链紧密相关的FTAs议题

当代国际经贸规则，主要是第二次世界大战后，由美国等发达国家主导制定的。第二次世界大战后，贸易保护主义被普遍看作诱发战争的重要原因之一，在布雷顿森林协定框架下，发达国家原拟定成立国际贸易组织（International Trade Organization，ITO）、国际货币基金组织（International Monetary Fund，IMF）及世界银行（World Bank，WB）共同作为战后调节世界经贸关系的三大支柱，只是ITO最终未能获得美国国会批准，致使其未能成立。但与此同时，从1947年起展开的关税减让谈判却获得美国国会授权，23个谈判国基于关税减让谈判结果，结合ITO草案中涉及贸易规则的部分条文，共同达成了《关税与贸易总协定（General Agreement on Tariffs and Trade，GATT）》。《GATT 1947》仅是一项多边国际协定，直至1993年第八回合谈判（乌拉圭回合）结束，才达成于1995年正式成立世界贸易组织（World Trade Organization，WTO）的最终决议，形成了法制化的国际贸易组织。

当前，在WTO架构下，原有的《关税与贸易总协定（GATT 1947）》，加之历年诸次回合谈判对该协定所作的增补、解释及决议，统称为《GATT 1994》，是WTO贸易协定下的一个独立协定。除此之外，WTO机制下还包括许多其他多边协定，如《服务贸易总协定（General Agreement on Trade in Services，GATS）》、《与贸易有关的知识产权协定（Trade-Related Aspects of Intellectual Property Rights，TRIPS）》、《关于争端解决的规则与程序的谅解（Dispute Settlement Understanding，DSU）》等。世界贸易组织（WTO）作为目前最重要的多边国际经贸组织，是国际贸易体制的组织基础和法律基础，既监督成员国的各项贸易立法，也为贸易争端提供解决机制及谈判场所。截至2024年8月30日，世界贸易组织（WTO）成员已增长至 166 个①。

然而，伴随 WTO 成员的迅速增加，不同利益诉求相互对峙，使 WTO 多边贸易谈判的难度随之递增，于 2001 年开始的新一轮多边贸易谈判（多哈回合谈判）始终未能达成协议，越来越多的成员诉诸双边或区域性优惠贸易协定的签署，进一步深化彼此经贸往来。从全球视角看，这是成员在推进多边贸易自由化存在诸多困难情况下的"次优选择"；从区域视角看，则是成员出于共同的经济或地缘政治目标，保障成员间更紧密的经贸往来和战略同盟的"最优选择"。在多边经贸合作机制下，WTO 成员之间的此种特惠贸易安排具有合法地位，其前提是满足 WTO 协定的有关规定，尤其是《GATT 1994》第 XXIV 条款、《关于解释 GATT 1994 第 XXIV 条的谅解（Understanding on the Interpretation of Article XXIV of the General Agreement on Tariffs and Trade 1994）》以及《服务贸易总协定（GATS）》第 V 条款中的有关规定②，这些条款给予了优惠贸易协定有条件的合法性，可将其视为 WTO 多边机制下"最惠国待遇（Most-Favoured-Nation Treatment，MFN）"基本原则的"例外"。这些条款旨在规范优惠贸易协定，使其在促进成员间"实质上所有（Substantially All）"贸易取消关税和其他限制性贸易法规的同时，并不提高对外部成员的贸易壁垒。但值得注意的是，当前，WTO 对优惠贸易协定的规范和审查机制较为宽松模糊，且缺乏执行力，这也在一定程度上促进了成员间优惠贸易协定的签署，为成员国规避 WTO 多边贸易体制规范提供了条件。

世界贸易组织（WTO）数据库资料显示③，截至 2024 年 2 月，已有 633 个优惠贸易协定向 WTO 备案，已生效协定达 386 个，其中 326 个为自

---

① 资料来源：https：//www.wto.org/english/thewto_e/whatis_e/tif_e/org6_e.htm，查阅日期：2024 年 9 月 29 日。

② 鉴于服务贸易领域几乎无关税壁垒或数量限制等非关税壁垒措施，GATS 中采用"经济一体化协定（Economic Integration Agreement，EIA）"概念，区别于《GATT 1994》中自由贸易区（FTA）或关税同盟（CU）的概念。

③ 资料来源：https：//rtais.wto.org/UI/PublicMaintainRTAHome.aspx，查阅日期：2024 年 2 月 29 日。

由贸易协定（占比84.46%）。国家间更倾向于签署的自由贸易协定（Free Trade Agreements，FTAs），作为优惠贸易协定的形式之一，是指两个或两个以上的国家或地区，为进一步取消成员国内部贸易障碍，通过废除关税和非关税壁垒等措施，实现区域内进一步自由贸易而缔结的协定。与关税同盟（Customs Union，CU）及其他更深度的经济一体化合作方式不同，自由贸易协定不涉及共同对外关税，及其他共同的对外经贸政策。从经济一体化的角度看，相较于关税同盟，自由贸易协定似乎是一体化程度"较低"的协定，但自由贸易协定作为目前国家间最普遍的经济一体化形式，也是因为其为各国提供了在不牺牲国家主权的情况下达到经济效率的可能性（Staiger，2021）。但值得注意的是，不同国家之间签署的自由贸易协定一体化"深度"实则存在较大差异，很多国家在FTAs框架下，追求区域层面的深层次"边境内"规则整合，越来越多的FTAs涉及WTO框架外的"边境内"议题，如投资规则、资本流动、知识产权保护、竞争政策等。

霍恩等（2010）将优惠贸易协定的条款内容（共52条）划分为"WTO +"条款（14条）和"WTO – X"条款（38条）两大类①，其中，"WTO +"条款是在WTO框架下已做出相应承诺的条款，优惠贸易协定的签署是对WTO框架下已承诺议题的重申或做出进一步的减让；"WTO – X"条款是目前WTO框架下尚未达成一致的条款，是更多涉及"边境内措施"的"新一代贸易政策"议题，优惠贸易协定的签署是对WTO框架下未承诺议题的补充。2011年WTO《世界贸易报告》基于霍恩等（2010）的分析框架和96个优惠贸易协定样本展开分析，研究结果表明，近期优惠贸易协定中包含了越来越多的"边境内措施"议题，如知识产权保护、竞争政策、投资措施、资本流动等，且这些议题更多地出现在发达国家签署的贸易协定中，尤其是发达国家之间签署的贸易协定，发达国家与发展中国家间签署的优惠贸易协定中也包含了更多的"WTO – X"议题。

---

① 并同时考虑各条款的法律约束力。

值得注意的是，这 52 个协定条款中，一些条款与全球价值链生产联系的相关度会明显更高。事实上，诸多"WTO‑X"议题也正是在全球价值链不断发展的背景下因应而生的，传统的"WTO+"贸易规则已无法充分适应全球价值链模式下"贸易—投资—服务"联动所产生的对货物、资金、人员、信息、服务频繁跨境流动的需求①。全球价值链的生产模式是将生产过程切割成几个阶段并将它们放置在不同的国家，通常是通过设立海外子公司或通过签订国际外包合同来完成。全球价值链贸易涉及由生产国际化布局所产生的货物、服务、知识、资本、数据及人员的复杂国际流动。简单的贸易需要简单的贸易规则，而以全球价值链为特征的复杂贸易则需要能够支撑"贸易—投资—服务"联动（"trade‑invest‑service" nexus）的复杂规则（Baldwin，2011，2014；Damuri，2012）。因此，签署能够保障跨国公司跨境投资，以及技术和管理知识海外应用的贸易协定，消除"边境后"贸易壁垒成为对区域性贸易协定的新诉求。

具体来看，跨国企业在全球进行生产布局，需要保障供应链上企业或工厂之间的货物、服务、资本、人员及数据的流动畅通，而能够为供应链提供生产要素自由流动保障的相关 FTAs 条款包括（如图 3.1 所示）：

（1）关税减让条款。优惠关税税率越低，相较于 MFN 关税税率的优惠幅度越大，越有利于 FTAs 区域内货物的自由流动。

（2）原产地规则条款。对于 FTAs 区域内供应链而言，原产地规则的累积规则越便利，越有利于区域内货物的流动和供应链的稳定；在全球价值链的视角下，原产地规则的灵活度越高，则"排他性"越小，越有利于货物的全球流动。

（3）海关程序和贸易便利化条款。更简化和更快捷的贸易程序有利于

---

① 值得注意的是，此仅为 RTAs "边境内"条款增加的基于全球价值链协调生产的经济逻辑，诸多学者也指出，"高标准经贸规则"谈判的实质是发达国家试图通过此种优惠贸易协定的签署，将其国内已有的管理及法律体系（Regulatory and Legal System）"政策出口"，实现国内规则的国际化，其政治逻辑在于争夺国际经贸规则制定的主导权，使本国能够保持国际经贸规则的话语权优势，获得规则"红利"，并进一步强化与政治盟友之间的安全关系（石静霞，2015；苏庆义，2021；周国荣，2024）。

货物的自由流动。

（4）技术性贸易壁垒条款。产品技术标准、法规或合格评定程序的跨境一致性，有利于降低技贸措施差异而产生的合规成本，提高技贸措施变动的可预期性，有利于货物的自由流动。

（5）服务贸易条款。金融、物流、清关服务等通常是与跨国公司协调分散生产密切相关的服务，FTAs条款对服务贸易的开放与保障条款，将有利于相关要素的自由流动。

（6）资本流动条款。FTAs对新的外商直接投资到利润汇回的相关规定，能够提供与业务相关的资本流动的保证。

（7）自然人移动条款。FTAs有与商务活动相关的自然人移动条款，能够保障管理人员和技术人员的短期移动。

（8）数据流动条款。FTAs中对区域内跨境数据流动的开放，能够促进数据流动和传输的便利化，进而为企业全球调动跨国资源生产产品提供了保障。

此外，企业海外生产对东道国营商环境的诉求可以概括为两个方面：一是降低FTAs成员市场准入，使企业跨国生产成为可能；二是为FTAs成员企业进入市场后经营提供监管保障，涉及的相关FTAs条款包括（如图3.1所示）：

（1）投资条款。跨国公司有诉求保护其资产免受东道国政治和法律风险可能造成的财务损失，已经存在了半个多世纪的双边投资条约（BITs）实际上旨在提供对政治和法律风险的保护，近期签署的FTAs也越来越多地纳入相关条款。

（2）知识产权保护条款。将生产的某些环节外包给其他国家的供应商可能需要共享其专有知识。例如，商标、工业设计和专利，若缺乏知识产权保护，跨国公司失去有价值资产的风险会在长期增加。

（3）竞争政策条款。竞争政策规定通常旨在确保FTAs成员公司的市场准入和投资不会受到东道国私营或国有地方企业的反竞争行为的威胁，在竞争环境较差的国家，串通协议或限制性经营实践可能取代政府设置的贸易壁垒。

（4）服务贸易条款。条款中通常包含对服务部门的"边境后"市场准入限制、投资要求、监管要求等，会影响跨国公司的市场进入或经营成本。

综上所述，在此部分，本研究基于全球价值链协调生产的经济逻辑，从保障全球价值链所需生产要素自由流动和打造全球价值链友好型营商环境这两个角度，共选取了 11 个与全球价值链紧密相关的 FTAs 议题（如图 3.1 所示），并将逐条分析其发展趋势。数据流动条款深度数据来自瑞士卢塞恩大学构建的区域贸易协定电子商务和数据条款（Trade Agreements Provisions on Electronic-commerce and Data，TAPED）数据库，其他子条款数据均来源于世界银行深度贸易协定（Deep Trade Agreements，DTA）数据库，具体指标含义与构建说明如附件 A 所示。

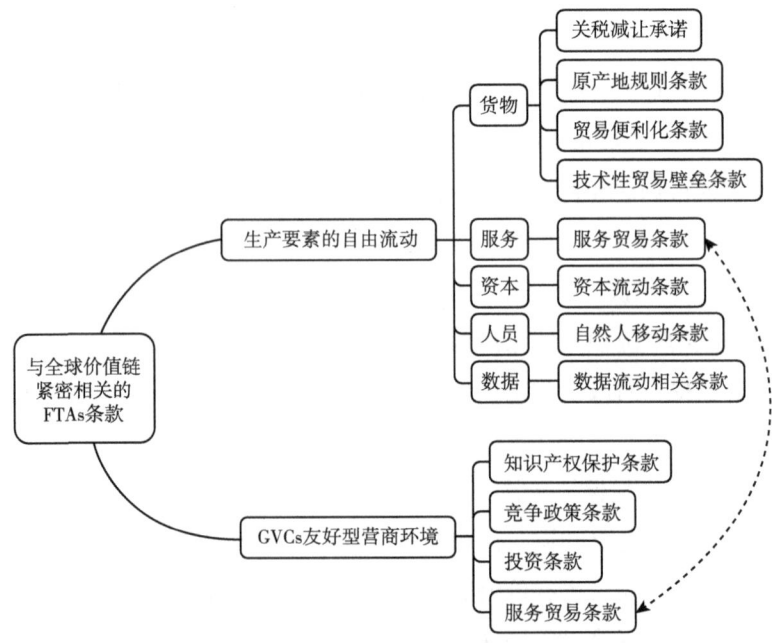

图 3.1　与全球价值链紧密相关的 FTAs 条款

资料来源：笔者自制。

3.1 关税减让承诺

在关税减让幅度方面，尽管 FTAs 的目标是促进成员间"实质上所有（Substantially All）"贸易取消关税，但协定间的关税减让幅度仍存在较大差异。本书的关税数据来自世界银行深度贸易协定（DTA）数据库。本书基于多个不同数据来源，整理了 2016 年各国的最惠国待遇关税税率（MFN tariffs）与区域贸易协定下的优惠税率（Preferential Tariffs），其优点在于对 ITC Market Access 和 TRAINS 数据库的关税数据进行了整理，而局限性在于仅提供了 2016 年的数据。

从各国进口货物的总体 FTAs 平均关税减让幅度看，国家间存在明显差异：

第一，发展中国家的 MFN 进口关税普遍较高，但一些发展中国家则给予了较大幅度的 FTAs 优惠关税，如柬埔寨、泰国、越南等。以柬埔寨为例，其 MFN 进口关税较高，加权平均关税为 9.58%，但 FTAs 优惠关税减让幅度较大，加权平均关税降至 4.91%，降低了 4.67 个百分点。另一些发展中国家则采取了相对保守的 FTAs 优惠政策，例如，印度是典型的 MFN 进口关税高且 FTAs 关税减让幅度小的国家，加权平均关税分别为 7.55% 和 6.34%，仅降低 1.21 个百分点；我国近年来多次单方面降低 MFN 进口税率，2016 年 MFN 加权平均关税为 4.21%，因此 FTAs 优惠幅度较小，仅为 0.76 个百分点。

第二，美国、日本等发达经济体则是 MFN 关税已降至较低水平，因此 FTAs 优惠关税减让幅度有限，美、日 FTAs 优惠幅度分别为 1.02 个百分点和 0.55 个百分点。其中，韩国是例外，原因在于，其在农产品进口上设置了极高的进口关税税率，使其加权平均税率水平严重偏高。

第三，从行业角度看，每个国家 FTAs 关税减让存在明显的行业差异，凸显其对本国比较弱势产业的保护意图。中国在运输设备类产品的进口上

FTAs 优惠关税减让幅度最小，美国在鞋帽、皮革及纺织品类产品上 FTAs 优惠关税减让幅度最小，日本和韩国则在农产品及食品类产品上 FTAs 优惠关税减让幅度最小。

3.2 原产地规则条款

在 FTAs 原产地规则条款深度的衡量方面，本书共构建了 12 个子指标，并对其进行了标准化处理，如表 3.1 所示，分别为：01，能否基于出口商/生产商/进口商的自我认证来发放证书，而无须由主管机关进行认证；02，保存记录的期限有多长；03，是否允许小错不纠；04，是否允许双边或部分累积或完全累积；05，微小含量的百分比是多少；06，是否包含吸收规则；07，是否包含特定产品的原产地规则；08，是否允许使用多种计算方法来确定区域价值含量；09，当生产投入品是可替代商品时，协定是否允许原产地和非原产地商品的联合库存管理；10，是否包含预裁定规定；11，是否包含转运规定；12，是否包含特定的审查和上诉机制。

从原产地规则条款深度指标看，我国 FTAs 的提升速度较快，速度超过了美国和世界平均水平。我国新签署的 RCEP 原产地规则条款深度已经达到了较高水平，如表 3.1 所示，与 CPTPP 条款深度的差异仅在于原产地证书等相关信息规定保存记录的期限，即出口商、生产商、签证机构或主管部门自原产地证明签发之日起，需保存充分证明货物原产资格的所有必要记录的期限，CPTPP 要求为 5 年，RCEP 为 3 年。此外，中美之间 FTAs 原产地规则的微小差异还主要表现在，美方早在 NAFTA 时期就已实现可通过"自我认证"来发放原产地声明，之后签署的所有 FTAs 也均包含此条款，原产地证书签发的便利化水平更高，我国则是在 RCEP 中首次实施经核准出口商原产地自主声明制度。

表 3.1　代表性 FTAs 原产地规则条款深度指标值

Depth	NAFTA	CASEAN	US – KOR	CPTPP	EU – JPN	USMCA	RCEP	UK – AUS
总指标	0.71	0.46	0.64	0.98	0.90	0.90	0.96	0.97
01 是否可自我认证	1.00	0.00	1.00	1.00	1.00	1.00	1.00	1.00
02 保存记录期限	0.71	0.29	0.71	0.71	0.43	0.71	0.43	0.57
03 忽略微小错误	0.00	1.00	1.00	1.00	1.00	1.00	1.00	1.00
04 累积规则	1.00	1.00	1.00	1.00	1.00	1.00	1.00	1.00
05 微小含量百分比	0.47	0.00	0.67	0.67	0.67	0.67	0.67	0.67
06 吸收原则	1.00	0.00	0.00	1.00	1.00	1.00	1.00	1.00
07 特定产品规则	1.00	1.00	1.00	1.00	1.00	1.00	1.00	1.00
08 区域价值计算方法	0.00	0.00	0.00	1.00	1.00	1.00	1.00	1.00
09 库存管理	1.00	0.00	0.00	1.00	1.00	1.00	1.00	1.00
10 预先裁决	1.00	1.00	1.00	1.00	1.00	1.00	1.00	1.00
11 转运	0.00	1.00	1.00	1.00	1.00	1.00	1.00	1.00
12 审议或上诉机制	1.00	1.00	0.00	1.00	1.00	1.00	1.00	1.00

资料来源：世界银行深度贸易协定（DTA）数据库。

3.3　贸易便利化条款

贸易便利化是 WTO 框架下的传统条款，其基本原则是简化和协调贸易程序，加速货物跨境流通，降低清关时间与成本，提升贸易可预测性并增加透明度。在 FTAs 贸易便利化条款深度的衡量方面，本书共构建了 4 个子指标，并对其进行了标准化处理，如表 3.2 所示，分别为：01，透明度指标；02，费用及手续指标；03，海关信息互联指标；04，其他。

在条款文本的实质内容上，近年签署的 FTAs 均会包含更详细的便利化内容。从我国与其他国家存在的差异看，一方面，RCEP 的贸易便利化条款深度基本与 CPTPP 和 USMCA 一致，如表 3.2 所示，条款深度分别为 0.69、0.70 及 0.68，无明显差异；另一方面，RCEP 未涉及海关信息互联条款，即尚未实现缔约国海关系统互联或单一窗口的相互可操作，CPTPP则实现了各国海关系统互联，英国与澳大利亚2023年签署的FTA则进一步实现了海关单一窗口的相互可操作。

表3.2　　　　　代表性FTAs贸易便利化条款深度指标值

Depth	NAFTA	CASEAN	US–KOR	CPTPP	EU–JPN	USMCA	RCEP	UK–AUS
总指标	0.50	0.11	0.66	0.70	0.61	0.68	0.69	0.91
01 透明度	0.63	0.25	0.88	0.88	0.88	1.00	0.88	0.63
02 费用及手续	0.27	0.07	0.67	0.67	0.80	0.80	0.73	0.93
03 海关信息互联	0.50	0.00	0.50	0.50	0.00	0.00	0.00	1.00
04 其他	0.40	0.07	0.33	0.47	0.53	0.67	0.87	0.73

资料来源：世界银行深度贸易协定（DTA）数据库。

3.4　技术性贸易壁垒条款

从全球价值链角度看，产品技术标准、法规或合格评定程序[①]的跨境一致性有利于中间产品的跨境贸易，能减少因存在技贸措施差异而产生的过高合规成本，提高技贸措施变动的可预期性，降低上、中、下游产品因适应不同技贸措施而叠加的交易成本、信息搜集成本和调整成本[②]。在FTAs技术性贸易壁垒条款深度的衡量方面，本书共构建了8个子指标，如表3.3所示，分别为：01，标准的互认；02，标准的协调；03，技术法规的互认；04，技术法规的协调；05，符合评估的互认；06，符合评估的协调；07，透明度；08，执行。

首先，互认和协调是最常见的跨国间融合方法。互认是指相互承认对

---

① 技术性贸易措施包括：a. 技术法规（Technical Regulations）；b. 技术标准（Standards）；c. 合格评定程序（Conformity Assessment）。

② 周国荣. 技术性贸易壁垒协议设计机理：基于CPTPP、USMCA和RCEP的比较分析[J/OL]. 国际经济评论，2005（8）：1–25.

方成员国合格评定程序的结论;协调是指各国的技术标准或法规在一系列法律约束要求的基础上采取统一的形式,如成员国共同采纳一个国际标准或某成员国标准①。从代表性 FTAs 技术性贸易壁垒条款在互认和协调的选择差异看,如表 3.3 所示,美国主导签订的 USMCA(及其前身 NAFTA)更倾向于通过协调的方式,达成产品技术标准、法规或合格评定程序的跨境一致。USMCA 第 11 章"技术性贸易壁垒"第 11.4.2 条和第 11.4.3 条指出,各成员方应适用 TBT 委员会关于"国际标准"的决议,并禁止缔约方应用 TBT 委员会对"国际标准"决议以外的其他原则定义"国际标准",且需排除对标准出台机构所在地、政府性质、参与方等歧视。美国主导的 USMCA 之所以强调适用 TBT 委员会决议,是因为:第一,TBT 委员会关于国际标准的决议(G/TBT/1/Rev.10)指出,国际标准的制定应当遵循标准制定的六项良好实践原则,即透明度、公开、公正和协商一致、有效性和相关性、协调性、考虑发展中国家发展维度的原则②。这六项原则与美国国家标准学会(American National Standards Institute,ANSI)认可美国标准化组织所依据的要求基本一致。第二,这符合美国国内标准化活动私营企业主导、分散且市场导向的特点③,美国并不存在"自上而下"的标准化体系。不过值得注意的是,美国签署的 FTAs,除与加拿大、墨西哥签署的 USMCA(及其前身 NAFTA)外,其他 FTAs 均不包含产品技术法规、标准或合格评定程序的互认和协调条款。RCEP 及 CPTPP 则更偏向于通过互认的方式达成产品技术法规或合格评定程序的跨境一致。

---

① 鲍晓华. 技术性贸易壁垒的双重性质及甄别机制 [J]. 财贸经济, 2005 (10): 68 – 72 + 97; Baldwin RE, McLaren J, Panagariya A. Regulatory protectionism, developing nations, and a two – tier world trade system [with comments and discussion]. InBrookings trade forum 2000 Jan 1 (pp. 237 – 293). Brookings Institution Press.

② Decisions and Recommendations Adopted by the WTO Committee on Technical Barriers to Trade Since 1 January 1995, G/TBT/1/Rev. 10, 9 June 2011.

③ 廖秋子. TBT 协定"国际标准"的法律解释及其改进路径 [J]. 法律适用, 2017 (13): 111 – 116.

其次，RCEP技术性贸易壁垒条款深度指标值处于较低水平，仅为 0.43，低于 USMCA（0.89）和 CPTPP（0.77），仍存在一定差距，主要是由于缺少制度保障执行机制，即未设立专门的跨国行政管理机构和争端解决机制。欧盟签署的"新一代"FTAs 更倾向于通过建立制度结构来实现技贸措施差异的减少，缔约方可以成立工作组，就监管问题展开对话，如欧盟—韩国成立汽车工作组，在此制度框架下，韩国于 2016 年同意进一步协调其法规与国际标准[①]。

表 3.3　代表性 FTAs 技术性贸易壁垒条款深度指标值

Depth	NAFTA	US-KOR	CHN-KOR	CPTPP	EU-JPN	USMCA	RCEP	UK-AUS
总指标	0.48	0.29	0.97	0.77	0.82	0.89	0.43	0.61
01 标准的互认	0.00	0.00	1.00	0.00	0.00	0.00	0.00	0.00
02 标准的协调	0.33	0.00	0.67	0.33	0.67	0.67	0.33	0.67
03 技术法规的互认	0.00	0.00	0.50	1.00	1.00	0.50	0.50	0.50
04 技术法规的协调	0.33	0.00	0.00	0.33	0.33	0.67	0.33	0.33
05 符合评估的互认	0.00	0.00	1.00	1.00	1.00	1.00	0.50	1.00
06 符合评估的协调	0.33	0.00	0.67	0.33	0.33	0.67	0.33	0.33
07 透明度	1.00	0.67	1.00	0.67	0.67	0.67	0.67	0.33
08 执行	0.80	1.00	0.80	0.80	0.80	1.00	0.20	0.40

资料来源：世界银行深度贸易协定（DTA）数据库。

3.5　服务贸易条款

鉴于研究对象为条款深度对全球价值链贸易的影响，本书对服务贸易条款深度的考察，不考虑自然人移动和境外消费的相关条款，更多聚焦在商业存在和跨境提供的条款深度上。在 FTAs 服务贸易条款深度的衡量方

---

① Romanchyshyna I. Technical Barriers to Trade in "new Generation" RTAs and in the WTO Agreements: Conflict or Complementarity？. Springer；2023. p141.

面，本书共构建了8个子指标，如表3.4所示，分别为：01，市场准入模式；02，是否含棘轮条款；03，是否含禁止技术转让要求；04，是否含禁止本地含量要求；05，是否含禁止高管国籍要求；06，是否含禁止本地存在要求；07，透明度；08，争端解决机制。

如表3.4所示，从服务贸易条款深度总指标看，RCEP的比值仍较低，为0.43，但已高于中国—东盟自由贸易协定（0.17），而美国签署的主要FTAs服务贸易条款深度均处于最高水平（1.00）。从子指标看，首先，NAFTA是第一个对投资和跨境服务贸易实行"负面清单"管理的自由贸易协定；RCEP则采取了"混合清单"的开放模式，相较于服务贸易大国主导签订的贸易协定，其综合开放度仍较低。其次，棘轮条款一般出现在"不符措施"中，是允许保留的现有限制措施，即缔约方更新承诺时这些不符措施的限制程度要维持不变或降低，也一定程度上代表了更为开放的承诺，RCEP中则尚未包含棘轮条款。此外，RCEP也未包含禁止强制执行与技术转让相关的绩效要求，未包含禁止将使用本地材料、劳动力或其他资源作为绩效要求的义务条款，存在国家间的争端解决机制，但尚不存在投资者——东道国（ISDS）争端解决机制。

表3.4　　　　代表性FTAs服务贸易条款深度指标值

Depth	NAFTA	CASEAN	US-KOR	CPTPP	EU-JPN	USMCA	RCEP	UK-AUS
总指标	1.00	0.17	1.00	1.00	0.80	1.00	0.43	0.94
01 市场准入模式	1.00	0.33	1.00	1.00	0.67	1.00	0.67	1.00
02 棘轮条款	1.00	0.00	1.00	1.00	1.00	1.00	0.00	1.00
03 禁止技术转让要求	1.00	0.00	1.00	1.00	1.00	1.00	0.00	1.00
04 禁止本地含量要求	1.00	0.00	1.00	1.00	1.00	1.00	0.00	1.00
05 禁止高管国籍要求	1.00	0.00	1.00	1.00	0.00	1.00	1.00	1.00
06 禁止本地存在要求	1.00	0.00	1.00	1.00	1.00	1.00	0.00	1.00
07 透明度	1.00	0.67	1.00	1.00	1.00	1.00	0.67	1.00
08 争端解决机制	1.00	0.50	1.00	1.00	0.50	1.00	0.50	0.50

资料来源：世界银行深度贸易协定（DTA）数据库。

3.6 资本流动条款

在 FTAs 资本流动条款深度的衡量方面,本书指标构建由 3 个子指标构成,分别是:01,资本是否能自由流入;02,资本是否能自由流出;03,争端解决机制。

如表 3.5 所示,从资本流动条款深度总指标看,美韩 FTA 的取值最高,为 1.00,CPTPP 和 RCEP 的指标值则分别为 0.82 和 0.52,RCEP 较其仍存在一定差距。CPTPP 要求更自由的资本转移,对争端解决的透明度和专业人才也有更高的要求[1]。从中美两国 FTAs 资本流动条款深度指标的变化趋势看,中国签署的 FTAs 资本流动条款深度与美国仍存在一定差距,但增长速度较为一致。

表 3.5   代表性 FTAs 资本流动条款深度指标值

Depth	NAFTA	CASEAN	US-KOR	CPTPP	EU-JPN	USMCA	RCEP	UK-AUS
总指标	0.62	0.70	1.00	0.82	0.25	0.74	0.52	0.49
01 资金自由流入	0.00	0.75	1.00	0.75	0.50	0.75	0.50	0.25
02 资金自由流出	0.86	0.86	1.00	0.71	0.00	0.71	0.57	0.71
03 争端解决机制	1.00	0.50	1.00	1.00	0.25	0.75	0.50	0.50

资料来源:世界银行深度贸易协定(DTA)数据库。

3.7 自然人移动条款

此部分仅聚焦于与商务活动相关的自然人移动,剔除了 DTA 数据库

---

[1] 刘斌,于济民. 中国加入 CPTPP 的可行性与路径选择[J]. 亚太经济,2019(05):5-13+149.

中与移民相关的条款。在 FTAs 自然人移动条款深度的衡量方面，本书共构建了 2 个子指标，如表 3.6 所示，分别为：01，促进自然人移动；02，自然人移动类型。

FTAs 中对于"自然人移动"的承诺的章节分布并不相同，如 RCEP 第 8 章"服务贸易"采用的是 WTO 服务贸易立法体系，未将服务贸易的跨境提供、跨境消费、自然人移动与商务存在四种模式区别对待①，并设立第 9 章"自然人临时移动"章节。CPTPP 也是将"自然人移动"纳入第 10 章"服务贸易"章节，并设立第 12 章"商务人员临时入境"章节。而以 NAFTA 为代表的美式 FTAs，则将"自然人移动"进行专章规定②。

从代表性 FTAs 自然人移动条款深度指标值看，如表 3.6 所示，我国对自然人流动的态度仍较为谨慎，RCEP 的总指标值为 0.46，而 CPTPP 和 NAFTA 则均为 0.86，日本—欧盟经济伙伴关系协定的总指标值为最高（1.00），欧日 EPA 也是欧盟迄今为止对外达成的在商务人员流动方面的最先进条款③。在 RCEP 中，我国对 4 类人员做出准许临时入境和居留承诺，包括商务访问者、公司内部流动人员、合同服务提供者、安装和服务人员，并对其配偶家属做出承诺④。

从变化趋势看，中国在 FTAs 谈判中逐渐在放松自然人的流动限制，提高自然人流动的承诺水平，其条款复杂度指数的提升速度超过了一般平均水平。美国则是在 NAFTA 时期，对自然人移动的承诺就处于较高水平，之后签署的 FTAs 均维持或低于 NAFTA 承诺水平。

---

① 全毅. CPTPP 与 RCEP 协定框架及其规则比较 [J]. 福建论坛（人文社会科学版），2022（05）：53 – 65.
② 石静霞. 国际贸易投资规则的再构建及中国的因应 [J]. 中国社会科学，2015（09）：128 – 145 + 206.
③ 林创伟，白洁，何传添. 高标准国际经贸规则解读、形成的挑战与中国应对——基于美式、欧式、亚太模板的比较分析 [J]. 国际经贸探索，2022，38（11）：95 – 112.
④ 于鹏，廖向临，杜国臣. RCEP 和 CPTPP 的比较研究与政策建议 [J]. 国际贸易，2021（08）：27 – 36.

表 3.6　　　　　代表性 FTAs 自然人移动条款深度指标值

Depth	NAFTA	CASEAN	US – KOR	CPTPP	EU – JPN	USMCA	RCEP	UK – AUS
总指标	0.86	0.00	0.00	0.86	1.00	0.86	0.46	0.46
01 促进自然人移动	0.71	0.00	0.00	0.71	1.00	0.71	0.43	0.43
02 自然人移动类型	1.00	0.00	0.00	1.00	1.00	1.00	0.50	0.50

资料来源：世界银行深度贸易协定（DTA）数据库。

3.8　数据流动相关条款

与其他指标构建不同，数据流动条款深度数据来自瑞士卢塞恩大学构建的区域贸易协定电子商务和数据条款（Trade Agreements Provisions on Electronic – commerce and Data，TAPED）数据库，相较于世界银行 DTA 数据库，TAPED 提供了有关 FTAs 数据流动条款更详细的信息。据此，在 FTAs 数据流动条款深度的衡量方面，本研究指标构建由 8 个子指标构成，分别是：01，在电子商务章节是否包含数据流动条款；02，在通信章节是否包含数据流动条款；03，在计算机或信息服务章节是否包含数据流动条款；04，在视听章节是否包含数据流动条款；05，在金融章节是否包含数据流动条款；06，在知识产权章节是否包含数据流动条款；07，是否包含数据流动障碍处理机制条款；08，是否包含限制数据本地储存要求。

21 世纪以来，伴随着互联网的普及，以及人工智能和大数据等数字技术主导的第四次工业革命的到来，数字经济快速发展，各国对跨境数据流动的规则也受到各国的重要关切，数据流动和传输能够为跨国企业全球调动跨国资源生产产品提供保障。美国在推进新的贸易协定谈判中，其中的重点任务之一就是突破各国对跨境数据流动的限制[1]。如表 3.7 所示，从代表性 FTAs 数据流动条款深度指标值看，USMCA 中数字贸易独立成

---

[1] 石静霞. 国际贸易投资规则的再构建及中国的因应 [J]. 中国社会科学，2015（09）：128 – 145 + 206.

章，制定了较为完整的规则体系，其指标值最高为（1.00），其次为CPTPP（0.83），RCEP基于成员国数字化程度差异背景，对于跨境数据流动规则采取收缩和保留态度，其指标值仅为0.36。欧盟在跨境数据流动问题上，则坚持关于个人数据和信息保护的案文规则①，欧日EPA的指标值仅为0.47，反映出欧盟对跨境数据流动的审慎倾向。从变化趋势看，中国对待FTAs中数据流动条款的变化倾向与平均水平一致，2021年中国正式申请加入《数字经济伙伴关系协定（DEPA）》谈判，也代表着中国对待数据跨境流动的态度将更加积极②。

表3.7　代表性FTAs数据流动条款深度指标值

Depth	CHN-KOR	US-KOR	CPTPP	EU-JPN	USMCA	RCEP
总指标	0.39	0.56	0.83	0.47	1.00	0.36
01 电子商务相关数据流动	0.00	0.33	1.00	0.67	1.00	0.67
02 通信相关数据流动	1.00	1.00	1.00	1.00	1.00	0.00
03 计算机相关数据流动	0.00	0.00	0.00	0.00	0.00	0.00
04 视听相关数据流动	0.33	0.00	0.00	0.00	0.00	0.00
05 金融相关数据流动	1.00	1.00	1.00	1.00	1.00	1.00
06 知识产权相关数据流动	0.00	0.00	0.00	0.00	0.00	0.00
07 数据流动障碍处理机制	0.00	0.00	0.00	0.17	0.00	0.00
08 限制数据本地储存要求	0.00	0.00	1.00	0.00	1.00	0.50

资料来源：TAPED数据库。

3.9　知识产权保护条款

为了在区域价值链的竞争中具有竞争力，各国需要采取一系列政策行

---

① 石静霞. 数字经济背景下的WTO电子商务诸边谈判：最新发展及焦点问题［J］. 东方法学，2020（02）：170-184.

② 夏杰长，张雅俊. 数字贸易中跨境数据流动的规制困境与优化路径［J］. 经济纵横，2024（04）：39-46.

动,不仅需要降低关税和非关税壁垒以促进输入流动,还需要调整国内法规,以吸引投资。布局全球价值链的跨国公司总部通常位于发达国家,并依赖知识产权作为其垄断竞争力的关键来源。因此,这些企业希望进入的市场能够在必要的水平上保护其知识产权,以便公司能够随着时间的推移产生正面经济回报。在 FTAs 知识产权保护条款深度的衡量方面,本书共构建了 9 个子指标,如表 3.8 所示,分别为:01,覆盖国际公约数量;02,透明度;03,商标保护;04,地理标志保护;05,专利保护;06,数据保护/未披露信息保护;07,工业设计保护;08,版权保护;09,保护的执行。

从代表性 FTAs 知识产权保护条款深度指标看,如表 3.8 所示,首先,CPTPP 毋庸置疑是目前世界范围内在知识产权保护领域条款标准最高的 FTA(总指标值为 1.0),接下来是 USMCA(总指标值为 0.94)。

其次,RCEP 是我国所签署的贸易协定中知识产权保护程度最高的 FTA,总指标值为 0.60,RCEP 知识产权条款涉及第 11 章 83 个条款和过渡期安排、技术援助 2 个附件,是 RCEP 内容最多、篇幅最长的章节,体现了我国知识产权保护发展的新趋势[①]。但相较于 USMCA、CPTPP,RCEP 仍存差距,从子指标值看,差异主要体现在:06,数据保护条款;04,地理标志保护条款;05,专利保护条款;07,工业设计保护条款。

最后,从发展趋势看,我国新签署 FTAs 知识产权保护条款深度发展速度已高于平均水平,但在 04,地理标志保护;06,数据保护;07,工业设计保护条款方面。我国新签署 FTAs 的深度及发展速度低于世界平均水平。

表 3.8　　　　代表性 FTAs 知识产权条款深度指标值

Depth	NAFTA	US – KOR	CPTPP	EU – JPN	USMCA	RCEP	UK – AUS
总指标	0.07	0.75	1.00	0.64	0.94	0.60	0.77
01 覆盖国际公约数量	0.21	1.00	0.86	0.93	0.86	0.64	0.86

[①] 商务部. 解读《区域全面经济伙伴关系协定》[J]. 中国外资,2020(23):14 – 17.

续表

Depth	NAFTA	US–KOR	CPTPP	EU–JPN	USMCA	RCEP	UK–AUS
02 透明度	0.13	0.38	1.00	0.75	1.00	0.75	1.00
03 商标保护	0.20	0.93	1.00	0.27	1.00	0.87	0.60
04 地理标志保护	0.00	0.57	0.71	0.86	0.86	0.29	0.43
05 专利保护	0.08	0.77	1.00	0.08	0.62	0.46	0.62
06 数据保护	0.00	0.80	1.00	0.40	0.80	0.00	0.40
07 工业设计保护	0.00	0.00	0.75	0.75	0.75	0.50	0.75
08 版权保护	0.00	0.85	1.00	0.62	0.92	0.69	1.00
09 保护的执行	0.00	0.91	0.95	0.64	1.00	0.73	0.73

资料来源：世界银行深度贸易协定（DTA）数据库。

3.10 竞争政策条款

始于20世纪90年代，竞争政策条款越来越多出现在自由贸易协定中，旨在强调各国的竞争法应在实施过程中确保程序公正。在FTAs竞争政策条款深度的衡量方面，本书共构建了4个子指标，如表3.9所示，分别为：01，规范反竞争行为范围；02，程序公正性；03，执法的协调与合作；04，是否有直接适用性。

从代表性FTAs竞争政策条款深度指标看，如表3.9所示，CPTPP的总指标深度为0.85，处于较高水平，CPTPP对竞争执法中的程序公正规定较为具体、细致，可操作性强[1]，条款深度指标值高于USMCA（0.67）和RCEP（0.66）。

从变化趋势看，我国反垄断法实施十多年以来，商务部、国家发展改革委和国家市场监督管理总局发布了一系列行政法规和指南，反垄断法的

---

[1] 于鹏，廖向临，杜国臣. RCEP和CPTPP的比较研究与政策建议 [J]. 国际贸易，2021 (08)：27–36.

可操作性不断加强,竞争执法经验日趋丰富,这为我国在自由贸易协定中设立高标准的竞争政策规则打下了良好的基础①,我国FTAs竞争政策条款深度的增加速度超过了平均水平。

表3.9　　　　代表性FTAs竞争政策条款深度指标值

Depth	NAFTA	CASEAN	US-KOR	CPTPP	EU-JPN	USMCA	RCEP	UK-AUS
总指标	0.31	0.06	0.49	0.85	0.39	0.67	0.66	1.00
01 规范行为范围	0.22	0.22	0.56	0.33	0.89	0.67	0.44	0.89
02 程序公正性	0.33	0.00	0.67	1.00	0.33	1.00	1.00	1.00
03 执法协调与合作	0.60	0.00	0.60	0.80	0.20	0.80	1.00	0.80
04 是否直接适用	0.00	0.00	0.00	1.00	0.00	0.00	0.00	1.00

资料来源:世界银行深度贸易协定(DTA)数据库。

3.11　投资条款

FTAs中投资条款的设立,旨在在规则层面为成员国投资者提供强有力的保障。需要注意的是,除FTAs中的投资条款外,双边投资协定(BITs)在以更快的速度增长,也对全球价值链贸易产生深远影响。在FTAs投资条款深度的衡量方面,本书共构建了4个子指标,如表3.10所示,分别为:01,投资准入自由化;02,投资保护;03,投资监管目标(价值观);04,是否包含投资者-东道国争端解决机制(ISDS)。

表3.10　　　　代表性FTAs投资条款深度指标值

Depth	NAFTA	CASEAN	US-KOR	CPTPP	EU-JPN	USMCA	RCEP	UK-AUS
总指标	0.62	0.66	0.78	0.87	0.84	0.96	0.32	0.65
01 投资准入	1.00	0.40	1.00	1.00	1.00	1.00	0.60	1.00

---

① 钟立国.自由贸易协定竞争政策条款研究[J].武大国际法评论,2020,4(06):37-54.

续表

Depth	NAFTA	CASEAN	US–KOR	CPTPP	EU–JPN	USMCA	RCEP	UK–AUS
02 投资保护	0.20	0.60	0.80	0.80	0.20	0.80	0.60	0.80
03 监管目标	0.17	0.50	0.17	0.50	1.00	0.83	0.00	0.67
04 是否含 ISDS	1.00	1.00	1.00	1.00	1.00	1.00	0.00	0.00

资料来源：世界银行深度贸易协定（DTA）数据库。

从代表性 FTAs 投资条款深度指标看，如表 3.10 所示，首先，美国一直强调建立投资者—东道国争端解决机制，早在 NAFTA 时期就已建立，以期通过此条款保障美国跨国公司不通过东道国的国内司法程序而直接进入国际仲裁[1]，而 RCEP 尚未涉及此条款。其次，欧美发达国家日益重视将社会治理的价值观标准纳入投资章节，如环境标准、企业社会责任、可持续发展、劳工标准等，RCEP 则尚未纳入相关条款。从变化趋势看，我国 FTAs 投资条款深度的增加趋势超过了平均水平，但相较于美国仍存在一定差距。

---

[1] 东艳. 全球贸易规则的发展趋势与中国的机遇 [J]. 国际经济评论，2014（01）：45-64+5.

第4章

FTAs视角下全球价值链重构的定义

4.1　总出口层面的价值链分解

"垂直专业化生产"的概念是由巴拉萨（Balassa，1967）首次提出的。他指出，规模经济对于国际贸易的影响，可划分为以三种生产方式带来的产品贸易的扩张：其一，"产品标准化"，指单个厂商通过扩大自身生产规模，或通过并购其他厂商的方式扩大生产规模，以降低单位产品标准化的生产成本；其二，"水平专业化"，指单个厂商通过减少产品种类，专业化生产单一产品，来扩大该产品的生产线，降低其生产成本；其三，"垂直专业化"，指产品的生产过程由多个厂商协作完成，每个厂商仅参与产品生产链条的某个或某几个生产环节，此种"垂直专业化"的生产方式，可能分布在某个国家的多个厂商之间，亦可能分布在多个国家的不同厂商之间，而当生产链条布局涉及多个国家时，中间产品贸易将随之增加，进而促进国际贸易的扩张。胡梅尔斯等（1998）进一步指出，这种多国协作的"垂直专业化"生产方式，未必一定会促进国际贸易总量的增加；当中间产品贸易仅仅是替代了最终产品贸易时，反而会使国际贸易总量减少。为进一步进行区分，其提出一定会引起国际贸易总量增加的"垂直专业化贸易"的概念，并进行了严格的界定（见图4.1）：①产品的生产经过了两个及以上连续的生产环节；②产品的生产过程是由两个及以上的经济体完成的；③至少存在一个经济体，在生产该产品的过程中使用了进口产品，并且产成品的一部分用于继续出口。

基于此定义可知，当产品的生产满足①和②，但产成品未用于继续出口时，仅仅可称为"中间产品贸易"①，而非"垂直专业化贸易"。具体来看，各国可通过两种方式加入"垂直专业化贸易"：从下游生产链角度看，

---

① 此种"中间产品贸易"也是"垂直专业化生产"的一种表现形式，因此，需注意"垂直专业化生产"与Hummels等（1998）所界定的"垂直专业化贸易"在概念上存在的差异。

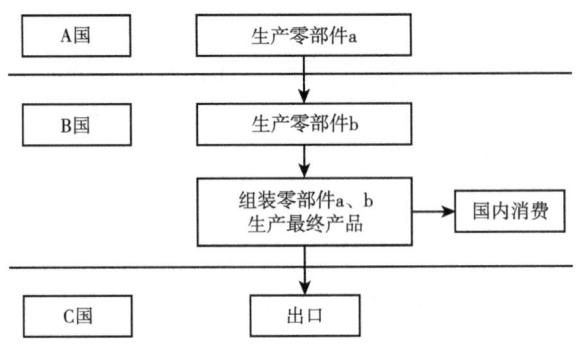

图 4.1　简单三国一部门模型下的垂直专业化贸易

资料来源：笔者自制。

一国可以通过进口原材料/中间产品进行加工，产成品（中间产品/最终产品）继续出口的方式加入"垂直专业化贸易"；从上游生产链角度看，一国则可以通过出口原材料/中间产品，被进口国加工后，产成品（中间产品/最终产品）继续出口的方式加入"垂直专业化贸易"。也就是说，"垂直专业化贸易"仅仅是"中间产品贸易"的一部分，当且仅当"中间产品贸易"的产品生产过程跨越两次及两次以上边境时，才可称为"垂直专业化贸易"。但同时，"垂直专业化贸易"也包含一部分"最终产品贸易"，当一国出口的最终产品中使用了进口的原材料/中间产品时，也被看作"垂直专业化贸易"。综上所述，基于此严谨定义，胡梅尔斯等（1998）及易（Yi，2003）的研究表明，"垂直专业化贸易"能够解释近年来国际贸易的非线性增长。正是由于"垂直专业化贸易"体现的产品生产过程多次跨越边境的特征，才使得贸易成本的降低对国际贸易产生了"扩大效应"。

同时，胡梅尔斯等（2001）基于国别投入产出表的数据，首次构建了测算经济体"垂直专业化贸易"程度的方法，一方面，其计算了狭义的（生产链下游角度的）垂直专业化贸易程度（其标记为 VS），即一国出口中所包含的进口增加值比例。基于国别投入产出表数据，i 国出口中参与垂直专业化生产（Vertical Specialization, VS）的部分可以表示为：$VS_i =$

$\mu A_i^M [I - A_i^D]^{-1} E_i$。其中，$\mu$ 是 $1 \times n$ 维（n 为部门个数）的单位向量；A_i^M 是 $n \times n$ 维的 i 国进口消耗系数矩阵，反映 i 国生产单位产品的直接进口消耗量；A_i^D 是 $n \times n$ 维的 i 国国内消耗系数矩阵，反映 i 国生产单位产品的直接国内消耗量；$[I - A_i^D]^{-1}$ 是 $n \times n$ 维的 i 国国内完全需求系数矩阵，反映 i 国对国内各部门的直接和间接需求量；E_i 为 $n \times 1$ 维的 i 国出口向量①。VS_i 衡量了 i 国出口中所包含的进口增加值（Foreign Value Added，FVA）②。

另一方面，胡梅尔斯等（2001）同时指出，经济体参与全球价值链的形式除了进口中间产品生产用于出口（如 i 国）之外，还有一部分经济体是以出口中间产品被另一国用于生产出口产品的方式融入全球价值链的（其用 VS1 表示），VS1 即衡量一国的出口中间产品被进口国加工后继续出口的比例。VS1 和 VS 分别衡量了一国生产链上游和下游角度的垂直专业化参与程度，但 VS 考虑的是后向关联（Backward Linkage），而 VS1 则是从前向关联（Forward Linkage）的角度考察③。但受国别投入产出表的限制，胡梅尔斯等（2001）未能基于国家层面投入产出表给出准确计算 VS1（又称 GVC forward）的方式，仅提供了粗略估计的思路，这也进一步推动了国际投入产出表的构建工作。

此后，多丹等（Daudin et al.，2011）基于 GTAP 数据库中的国际投入产出表，不仅给出了计算 VS1 的方法，同时定义了测算"复进口"值的 $VS1^*$ 指标：$VS1_i = \mu \sum_{j \neq i}^{G} A_{ij}^M (I - A_j^D)^{-1} E_j$，$VS1_i^* = \mu \sum_{j \neq i}^{G} A_{ij}^M (I - A_j^D)^{-1} E_{ji}$。其中，$\mu$ 是 $1 \times n$ 维（n 为部门个数）的单位向量；A_{ij}^M 是 $n \times n$ 维的 j 国的进口

---

① 为便于文章间的比较分析，本研究将其统一化处理，i 代表出口国，j 代表进口国，其他类似符号在首次出现时均会在文章中说明，再次出现时则不再对其解释。

② 虽然 Hummels 等（2001）给出的定义是基于国别层面的，但基于其定义，也可以相应地写出其双边的垂直专业化贸易计算公式，即 $VS_{ij} = \mu \sum_{j \neq i}^{G} A_i^M [I - A_i^D]^{-1} E_{ij}$，参见 Borin and Mancini（2019）的研究。

③ 也有学者，如 Borin 和 Mancini（2020）将 VS 称为一国从"后向关联"角度参与的全球价值链贸易（GVC backward），而 VS1 则为一国从"前向关联"角度参与的全球价值链贸易（GVC forward）。

i 国消耗系数矩阵,反映 j 国生产单位产品直接消耗的 i 国进口量;A_j^D 是 $n \times n$ 维的 j 国国内消耗系数矩阵,反映 j 国生产单位产品的直接国内消耗量;$[I - A_j^D]^{-1}$ 是 $n \times n$ 维的 j 国国内完全需求系数矩阵,反映 j 国对国内各部门的直接和间接需求量;E_j 为 $n \times 1$ 维的 j 国出口向量;E_{ji} 为 $n \times 1$ 维的 j 国对 i 国的双边出口向量。

此外,多丹等(2011)还基于"垂直专业化贸易(Vertical Specialization Trade)"和传统贸易(Standard Export)的概念,首次定义了增加值贸易(Value-added Trade),即:A 国与 B 国间的增加值贸易 = A 国与 B 国间的传统贸易值 - A 国与 B 国间的垂直专业化贸易值(VS+VS1)+A 国对 B 国的间接增加值贸易(即通过其他国家的出口至 B 国的消费产品中所包含的 A 国的增加值)。

约翰逊与诺盖拉(Johnson and Noguera,2012)在其研究基础之上,基于 GTAP 国际投入产出表,定义了类似的"增加值出口(Value Added Export,VAX)"的概念并给出了具体的测算方法,其产生了更广泛的学术影响力。在约翰逊与诺盖拉(2012)的定义下,VAX_{ij} 表示 i 国出口最终被 j 国消费的产品中所包含 i 国的增加值,即其强调产品最终消费国为 j 国。具体地,基于投入产出表的计算公式为:$VAX_{ij} = \sum_s (1 - \sum_j \sum_t A_{ji}^{ts}) Y_{ij}^s$,其中,$A_{ji}^{ts}$ 表示 i 国 s 部门总产出中使用的 j 国 t 部门的直接投入系数,固 $1 - \sum_j \sum_t A_{ji}^{ts}$ 反映了 i 国 s 部门的国内要素增值率(ratio of value added to output),Y_{ij}^s 表示 j 国消费的最终产品中所包含的 i 国 s 部门的产出。同样地,若基于总出口层面①,也可得到一国的增加值出口总值,即 $VAX_i = V_i \sum_j^G \sum_{h \neq j}^G B_{ij} Y_{jh}$。

为更好地理解"增加值出口"与传统的出口值,以及"垂直专业化贸易"的异同,在此仍以图 4.1 的三国模型为例。如表 4.1 所示,在上述

---

① 参见 Borin 和 Mancini(2019)。

简单的三国一部门模型中，A 国与 B 国，B 国与 C 国的出口值，均可拆分为垂直专业化贸易和增加值出口，但 A 国与 C 国的贸易则不同，由于其并没有直接发生贸易往来，固按定义，其传统出口值和垂直专业化贸易值都为 0，但由于 C 国最终消费的产品中实际包含了 A 国生产的零部件增加值，故按增加值出口的定义，其等同于存在从 A 国的间接进口，此时，A 国与 C 国间的增加值出口值大于总出口。[①]

基于增加值出口的概念，约翰逊与诺盖拉（2012）还定义了增加值出口率，在双边层面，$VAXratio = VAX_{ij}/\mu X_{ij}$，其中，$VAX_{ij}$ 代表上述定义的增加值出口，μ 是 $1 \times n$ 维（n 为部门个数）的单位向量，X_{ij} 为 $n \times 1$ 维的 i 国对 j 国双边出口向量。从上述简单三国模型可知，当双边直接贸易量较小，但存在较多经其他国家加工的间接贸易时，增加值出口率的值可能会大于 1。

表 4.1 简单三国一部门模型下的垂直专业化贸易和增加值出口

	传统总出口 （Export）	垂直专业化贸易 （VS 和 VS1）	增加值出口 （VAX）
A 国对 B 国的出口值	零部件 a 的增加值（1）	零部件 a 被 B 国继续用于出口的增加值部分（VS1）（2）	零部件 a 被 B 国直接消费的增加值部分（3）
B 国对 C 国的出口值	出口的最终产品价值（a）	B 国对 C 国的出口中所使用的 A 国进口零部件 a 的增加值（VS）（b）	B 国对 C 国的出口中所使用的 B 国生产零部件 b 和组装增加值（c）
A 国对 C 国的出口值	无 （A）	无 （B）	C 国所消费的最终产品中包含的 A 国生产的零部件 a 的增加值（C）

资料来源：笔者自制。

[①] 可见，Johnson and Noguera（2012）定义的增加值出口（VAX）概念适用于解释双边经常项目收支差异问题。其研究也发现，当使用增加值出口概念时，中美贸易顺差将减少 30%—40%，而日美贸易顺差则扩大约 33%，这正是由于日本对美国的贸易有很多是通过其他国家，如中国大陆，间接出口至美国的。

可见，在具体测算时，不同学者提出的方法存在差别，其原因在于，他们对国际投入产出表的分解和计算过程理解不同，但都基本延续了胡梅尔斯等（2001）关于"垂直专业化贸易"的定义和约翰逊与诺盖拉（2012）关于"增加值贸易"①的定义，如图4.2所示。

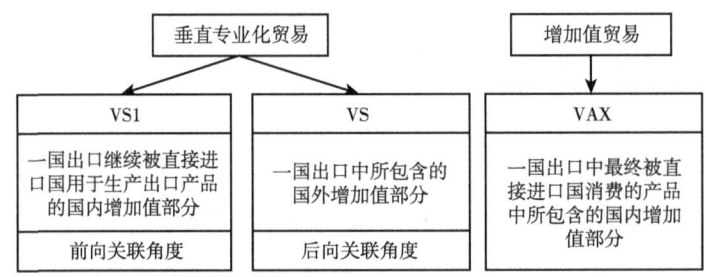

图 4.2 垂直专业化贸易与增加值贸易的概念及指标

资料来源：笔者自制。

综上所述，垂直专业化贸易与增加值贸易的概念界定已较为清晰。库普曼等（Koopman et al.，2010）将上述提到的概念进行了整合，基于国别贸易值进行分解，可将一国的出口分解为五个部分（见图4.3）：

$$E_i = V_i B_{ii} \sum_{j \neq i}^{G} Y_{ij} + V_i B_{ii} \sum_{j \neq i}^{G} A_{ij} X_{ij} + V_i B_{ii} \sum_{j \neq i}^{G} \sum_{h \neq i,j}^{G} A_{ij} X_{jh}$$
$$+ V_i B_{ii} \sum_{j \neq i}^{G} A_{ij} X_{ji} + \sum_{j \neq i}^{G} V_j B_{ji} E_i \tag{4.1}$$

在第（1）项中，$V_i = \mu(I - \sum_j A_{ji})$，其中 μ 是 $1 \times n$ 维（n 为部门个数）的单位向量，A_{ji} 是 $Gn \times Gn$ 维的 i 国进口消耗系数矩阵，V_i 则为 $1 \times n$ 维的 i 国增加值系数向量，B_{ii} 为 $n \times n$ 维的里昂惕夫逆矩阵，即国内完全需求系数矩阵，表示 i 国每生产 1 单位的最终产品需要使用的 i 国全部总投入，Y_{ij} 是 $Gn \times 1$ 维的最终需求向量，表示 i 国产品被 j 国用作最终产品消费的

---

① 基于上述定义可知，Johnson and Noguera（2012）定义的"增加值出口"等同于 Daudin 等（2011）定义的"增加值贸易"，后文中本研究将更多地使用"增加值贸易"这一表述。

量。因此，$V_i B_{ii} \sum_{j \neq i}^{G} Y_{ij}$ 表示 i 国出口的最终产品中所包含的 i 国国内增加值。

第（2）项中，A_{ij} 是 $Gn \times Gn$ 维的 j 国进口消耗系数矩阵，X_{jj} 是 $Gn \times Gn$ 维的，表示 j 国消费的最终产品中所使用的 j 国的总产出，$A_{ij}X_{jj}$ 是 $Gn \times Gn$ 维的 j 国消费的最终产品中所使用的 i 国进口中间产品增加值矩阵，V_i 及 B_{ii} 的含义与（1）项中一致。因此，$V_i B_{ii} \sum_{j \neq i}^{G} A_{ij}X_{jj}$ 表示 i 国出口的中间产品被进口国加工并直接消费的产品中所包含的 i 国国内增加值。

第（3）项 $V_i B_{ii} \sum_{j \neq i}^{G} \sum_{h \neq i,j}^{G} A_{ij}X_{jh}$ 表示 i 国出口的中间产品被进口国加工并继续出口并在其他国消费的产品中所包含的 i 国国内增加值。

第（4）项 $V_i B_{ii} \sum_{j \neq i}^{G} A_{ij}X_{ji}$ 表示 i 国出口的中间产品被进口国加工并继续出口并复进口回 i 国消费的产品中所包含的 i 国国内增加值。

第（5）项 $\sum_{j \neq i}^{G} V_j B_{ji} E_i$ 表示 i 国出口的产品中所包含的国外增加值。

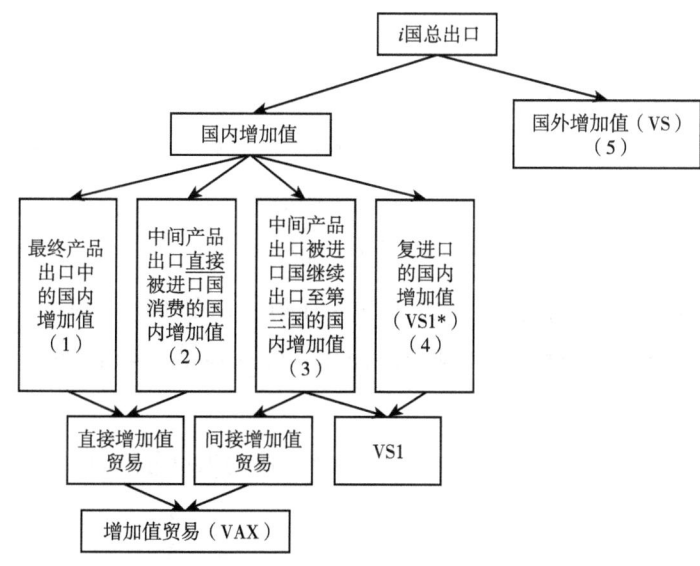

图 4.3　库普曼等（2010）对一国总出口的分解

资料来源：库普曼等（2010）。

如图 4.3 所示，库普曼等（2010）指出，（1）至（3）项的和即表示一国的增加值出口（VAX），其中（1）与（2）项之和表示该国直接增加值出口，第（3）项为该国间接增加值出口；（3）与（4）项之和为胡梅尔斯等（2001）定义的前向关联角度的垂直专业化贸易（VS1），第（5）项为胡梅尔斯等（2001）定义的后向关联角度的垂直专业化贸易（VS）。可见，在其分解公式中，增加值贸易与垂直专业化贸易（VS+VS1）并不是相对应的概念，其中，间接增加值贸易既属于增加值贸易的一部分，也属于前向关联角度的垂直专业化贸易。

值得注意的是，库普曼等（2010）还定义了"全球价值链参与度"[①]的概念：

$$GVC\_Participation_i = \frac{VS1_i}{E_i} + \frac{VS_i}{E_i} = \frac{VS1_i + VS_i}{E_i} \qquad (4.2)$$

可见，库普曼等（2010）也将由 VS1 和 VS 构成的垂直专业化贸易看作参与了全球价值链的贸易。

进一步地，库普曼等（2014）将研究视角聚焦于一国总出口与 GDP 的关系，即一国 GDP 中有多少是由出口行为引致的，为此，库普曼等（2014）首次提出"重复计算（Double Count）"的概念。他们指出，GDP 和增加值应当是一个"净值（net）"概念，因此，在对总出口的增加值进行分解时，需要将因产品多次跨越边境而产生的"重复计算"分离出来。库普曼等（2014）之所以称其为"重复计算"，是因为从 GDP 核算的角度出发，"重复计算"部分不计入任何一国的 GDP，是出口贸易数据相对于 GDP 核算数据的"纯双重计算（Pure Double – Counted，PDC）"部分。

基于此，库普曼等（2014）进一步将一国的出口分解为 9 个部分（见图 4.4）：

---

① 在库普曼等（2010）的原文中，其用 IV（Indirect exported Value – added）表示胡梅尔斯等（2001）定义的 VS1，用 FV（Foreign Value – added）表示胡梅尔斯等（2001）定义的 VS。

$$\begin{aligned}
E_i =\; & V_i \sum_{j\neq i}^{G} B_{ii} Y_{ij} + V_i \sum_{j\neq i}^{G} B_{ij} Y_{jj} + V_i \sum_{j\neq i}^{G} \sum_{h\neq i,j}^{G} B_{ij} Y_{jh} + V_i \sum_{j\neq i}^{G} B_{ij} Y_{ji} \\
& + V_i \sum_{j\neq i}^{G} B_{ij} A_{ji} (I - A_{ii})^{-1} Y_{ii} + V_i \sum_{j\neq i}^{G} B_{ij} A_{ji} (I - A_{ii})^{-1} E_i \\
& + \sum_{h\neq i}^{G} \sum_{j\neq i}^{G} V_h B_{hi} Y_{ij} + \sum_{h\neq i}^{G} \sum_{j\neq i}^{G} V_h B_{hi} A_{ij} (I - A_{jj})^{-1} Y_{jj} \\
& + \sum_{h\neq i}^{G} V_h B_{hi} A_{ij} \sum_{j\neq i}^{G} (I - A_{jj})^{-1} E_j \tag{4.3}
\end{aligned}$$

其中，在第（1）项与库普曼等（2010）分解方法下的第（1）项相同，$V_i \sum_{j\neq i}^{G} B_{ii} Y_{ij}$ 表示 i 国出口的最终产品中所包含的 i 国国内增加值。

第（2）项则与库普曼等（2010）分解方法下的第（2）项不同，$V_i \sum_{j\neq i}^{G} B_{ij} Y_{jj}$ 表示 i 国出口的中间产品被进口国 j 国加工并"最终"消费的产品中所包含的 i 国国内增加值，即该项既包含库普曼等（2010）分解方法下的第（2）项——$V_i B_{ii} \sum_{j\neq i}^{G} A_{ij} B_{jj} Y_{jj}$，即 i 国出口的中间产品被进口国 j 国加工并"直接"消费的产品中所包含的 i 国国内增加值；也包含 i 国出口的中间产品被进口国 j 国加工并继续出口加工，但最终却复进口回 j 国消费的产品中所包含的 i 国国内增加值。也就是说库普曼等（2014）第（2）项的值通常会大于库普曼等（2010）分解方法下第（2）的值。

第（3）项也与库普曼等（2010）分解方法下的第（3）项不同，$V_i \sum_{j\neq i}^{G} \sum_{h\neq i,j}^{G} B_{ij} Y_{jh}$ 表示 i 国出口的中间产品被进口国 j 国加工并继续出口至第三国，并"被第三国消费"的产品中所包含的 i 国国内增加值。库普曼等（2010）分解方法下的第（3）项——$V_i B_{ii} \sum_{j\neq i}^{G} \sum_{h\neq i,j}^{G} A_{ij} B_{jh} Y_{jh}$ 表示 i 国出口的中间产品被进口国加工并继续出口至第三国的产品中所包含的 i 国国内增加值。即库普曼等（2010）分解方法下的第（3）项包含库普曼等（2014）分解方法下的第（3）项和库普曼等（2014）第（2）项的一部分。

第（4）至（6）项之和等同于库普曼等（2010）的第（4）项，即

$$V_i \sum_{j \neq i}^{G} B_{ij}Y_{ji} + V_i \sum_{j \neq i}^{G} B_{ij}A_{ji}(I - A_{ii})^{-1}Y_{ii} + V_i \sum_{j \neq i}^{G} B_{ij}A_{ji}(I - A_{ii})^{-1}E_i = V_iB_{ii}\sum_{j \neq i}^{G} A_{ij}B_{ji}Y_{ji} = V_iB_{ii}\sum_{j \neq i}^{G} A_{ij}X_{ji}$$

，表示 i 国出口的中间产品被进口国加工并继续出口并复进口回 i 国家消费的产品中所包含的 i 国国内增加值。其中，库普曼等（2014）的第（4）项 $V_i \sum_{j \neq i}^{G} B_{ij}Y_{ji}$ 表示以最终产品的形式复进口回 i 国并消费的产品中所包含的 i 国国内增加值。第（5）项 $V_i \sum_{j \neq i}^{G} B_{ij}A_{ji}(I - A_{ii})^{-1}Y_{ii}$ 表示以中间产品的形式复进口回 i 国并加工后消费的产品中所包含的 i 国国内增加值。第（6）项 $V_i \sum_{j \neq i}^{G} B_{ij}A_{ji}(I - A_{ii})^{-1}E_i$ 则为库普曼等（2014）首次提出并定义的，是来自国内账户的"重复计算"，是 i 国出口的中间产品复进口回 i 国后，经加工又继续出口的产品中所包含的 i 国国内增加值。之所以称其为"来自国内账户的重复计算"，是因为复进口回 i 国后经加工又继续出口的产品：①若为最终产品，则增加值已经计入第（1）项；②若为被进口国消费的中间产品，则增加值已经计入第（2）项；③若为被第三国消费的中间产品，则增加值已经计入第（3）项；④若以最终产品或中间产品的形式又再次复进口回出口国，则增加值已经分别计入第（4）和（5）项。

第（7）至（9）项之和等同于库普曼等（2010）的第（5）项，即 i 国出口的产品中所包含的国外增加值。其中，第（7）项 $\sum_{h \neq i}^{G} \sum_{j \neq i}^{G} V_hB_{hi}Y_{ij}$ 表示 i 国最终产品出口中所包含的国外增加值。第（8）项 $\sum_{h \neq i}^{G} \sum_{j \neq i}^{G} V_hB_{hi}A_{ij}(I - A_{jj})^{-1}Y_{jj}$ 表示 i 国中间产品出口，被进口国 j 国加工并"直接"消费的产品中所包含的国外增加值。第（9）项 $\sum_{h \neq i}^{G} V_hB_{hi}A_{ij}\sum_{j \neq i}^{G}(I - A_{jj})^{-1}E_j$ 亦为库普曼等（2014）首次提出并定义的，是来自国外账户的"重复计算"，表示

i 国中间产品出口，被进口国 j 国加工并继续出口的产品中所包含的国外增加值。之所以称其为"来自国外账户的重复计算"，是因为对于 i 国国内 GDP 核算账户而言，第（7）至（9）项都不属于 i 国国内 GDP，但（7）项和（8）项属于其他进口国家 GDP 核算中的一部分，而第（9）项则涉及产品生产流程两次及以上跨越边境，所以已经计入其他国家国内增加值分解的项目中了。

库普曼等（2014）同时指出，从总出口值中分解出一国出口中"重复计算"值的意义，不仅可用于回答一国 GDP 中有多少是由出口行为引致的问题，也给出了衡量一国参与全球价值链"深度"的新视角。一国"重复计算"占出口总值的比重越高，表明该国与其他国家间的全球价值链生产关系越为复杂，因为其表明该国出口的中间产品被复进口回国内加工后，再次出口或多次复出口的现象较多。此外，由于其首次定义了"重复计算"，库普曼等（2014）进一步区分了两个概念：一是出口中的国内

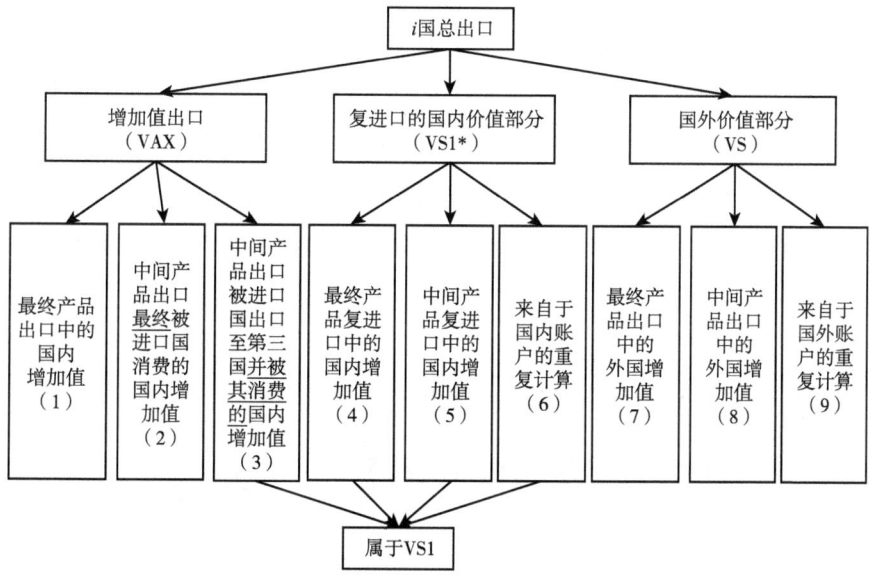

图 4.4　库普曼等（2014）对一国总出口的分解

资料来源：库普曼等（2014）。

增加值（Domestic Value Added in Exports）；二是出口中的国内价值部分（Domestic Content in Exports）。由于增加值应是一个与GDP相关的"净值"概念，故"出口中的国内增加值"是"出口中的国内价值部分"剔除"国内账户的重复计算部分"。相对应地，"出口中的国外增加值"是"出口中的国外价值部分"剔除"国外账户的重复计算部分"①。

4.2 双边出口层面的价值链分解

上述胡梅尔斯等（2001）、多丹等（2011）以及库普曼等（2010、2014）关于VS、VS1、VS1*的计算均是基于一国总出口层面，仅有约翰逊与诺盖拉（2012）定义的增加值出口（VAX）是基于双边层面。不同于总出口层面，从双边层面考察全球价值链贸易，能够提供一些新的研究视角。例如，贸易伙伴国之间在全球价值链中的上下游关系，双边贸易平衡（是双边VAX能研究的问题），并且贸易政策的制定通常也是双边的，尤其是，本书试图测算贸易协定对区域内价值链重构的影响，而贸易协定的签署恰是双边或多边的开放行为，需要基于双边层面的数据展开测度。

王直等（2013）进一步地给出了基于双边及产业层面分解出口的方法，基于其公式，可将双边出口分解为包含"重复计算"在内的16个部分；Wang等（2018）进一步将其划分为8大类，如其原文第（18）式所示：

$$E_{ij} = (V_i B_{ii})^T \# Y_{ij} + (V_i L_{ii})^T \# (A_{ij} B_{jj} Y_{jj})$$
$$+ (V_i L_{ii})^T \# [A_{ij} \sum_{h \neq i,j}^{G} B_{jh} Y_{hh} + A_{ij} B_{jj} \sum_{h \neq i,j}^{G} Y_{jh} + A_{ij} \sum_{h \neq i,j}^{G} B_{jh} \sum_{u \neq i,h}^{G} Y_{hu}]$$

---

① 因此，值得注意的是，在图4.3中，库普曼等（2010）所提及的国内增加值（Domestic Value Added）和国外增加值（Foreign Value Added）的概念，在库普曼等（2014）的重新定义下，实为国内价值部分（Domestic Content）和国外价值部分（Foreign Content），因为其包含了"重复计算"部分。

$$+ (V_iL_{ii})^T \#[A_{ij}B_{jj}Y_{ji} + A_{ij}\sum_{h\neq i,j}^{G}B_{jh}Y_{hi} + A_{ij}B_{ji}Y_{ii}]$$

$$+ [(V_iL_{ii})^T \#(A_{ij}B_{ji}\sum_{h\neq i}^{G}Y_{ih}) + (V_iL_{ii}\sum_{h\neq i}^{G}A_{ih}B_{hi})^T \#(A_{ij}X_j)]$$

$$+ [(V_jB_{ji})^T \#Y_{ij} + (\sum_{h\neq i,j}^{G}V_hB_{hi})^T \#Y_{ij}]$$

$$+ [(V_jB_{ji})^T \#(A_{ij}L_{jj}Y_{jj}) + (\sum_{h\neq i,j}^{G}V_hB_{hi})^T \#(A_{ij}L_{jj}Y_{jj})]$$

$$+ [(V_jB_{ji})^T \#(A_{ij}L_{jj}E_j) + (\sum_{h\neq i,j}^{G}V_hB_{hi})^T \#(A_{ij}L_{jj}E_j)] \tag{4.4}$$

其中,第(1)项$(V_iB_{ii})^T \#Y_{ij}$表示i国对j国出口的最终产品中所包含的i国国内增加值。进一步地,王直等(2018)借鉴了博林与曼奇尼(Borin and Mancini, 2015, 2019)的研究方法①,可将该项进一步地拆分为(1.1)项$(V_iL_{ii})^T \#Y_{ij}$与(1.2)项$(V_iB_{ii} - V_iL_{ii})^T \#Y_{ij}$,即第(1)项包含了被进口国$j$"直接"和"间接"吸收的$i$国最终产品出口中的国内增加值。其中,第(1.1)项$(V_iL_{ii})^T \#Y_{ij}$表示此最终产品的生产过程没有其他经济体参与,完全由i国生产,即为产品生产过程"仅一次跨越边境"的最终产品贸易,如图4.5(左)所示。

第(1.2)子项$(V_iB_{ii} - V_iL_{ii})^T \#Y_{ij} = (V_iL_{ii}\sum_{h\neq i}^{G}A_{ih}B_{hi})^T \#Y_{ij}$则表示产品的生产过程是两次及以上跨越边境的垂直专业化贸易,如图4.5(右)所示情形,此时,i国对j国最终产品出口中所包含的i国增加值为2元,不仅包含i国生产中间品(1)的1元增加值,也包含i国生产最终产品(3)的1元增加值,即i国生产的中间品(1)的增加值被包含在i国对j国最终产品(3)的出口中,被j国"间接"消费了。此种分离方法将便于在双边出口中区分"只跨越一次边境"的传统李嘉图贸易与"至少两次跨越边境"的垂直专业化贸易(或称全球价值链贸易)。

---

① 详见王直等(2018)附件D中(D1)式。

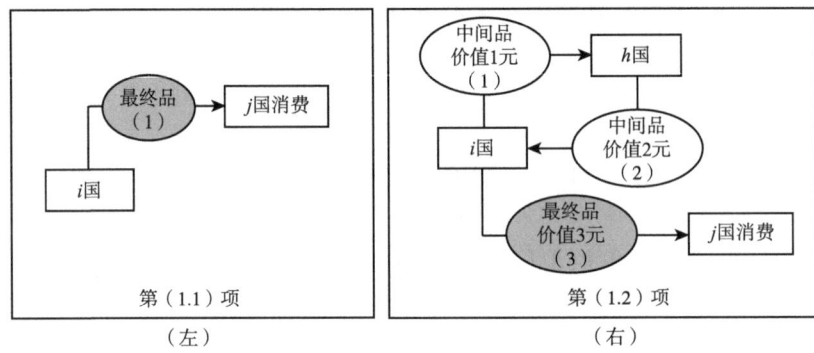

图 4.5 王直等（2018）分解的第（1）项图示

资料来源：笔者自制。

第（2）项 $(V_i L_{ii})^T \# (A_{ij} B_{jj} Y_{jj})$ 表示 i 国对 j 国出口的中间产品被进口国 j 国加工并消费的产品中所包含的 i 国国内增加值。其中，$L_{ii} = (I - A_{ii})^{-1}$，表示 i 国国内的里昂惕夫逆矩阵。Wang 等（2018）同样借鉴了 Borin and Mancini（2015，2019）的研究方法①，此项也可进一步拆分为（2.1）项 $(V_i L_{ii})^T \# (A_{ij} L_{jj} Y_{jj})$ 与（2.2 项）$(V_i L_{ii})^T \# (A_{ij} B_{jj} Y_{jj} - A_{ij} L_{jj} Y_{jj})$。其中，第（2.1）项 $(V_i L_{ii})^T \# (A_{ij} L_{jj} Y_{jj})$ 表示 i 国对 j 国出口的中间产品被进口国 j 国加工并"直接"消费的产品中所包含的 i 国国内增加值，即为"仅一次跨越边境"的中间产品贸易，如图 4.6（左）所示。

（2.2）子项 $(V_i L_{ii})^T \# (A_{ij} B_{jj} Y_{jj} - A_{ij} L_{jj} Y_{jj}) = (V_i L_{ii})^T \# (A_{ij} \sum_{h \neq j}^{G} B_{jh} A_{hj} L_{jj} Y_{jj})$ 表示产品的生产过程是两次及以上跨越边境的垂直专业化贸易，如图 4.6（右）所示情形。此时，i 国对 j 国中间产品出口中所包含的 i 国增加值为 2 元，不仅包含 i 国生产中间品（1）的 1 元增加值，也包含 i 国生产中间产品（3）的 1 元增加值，即 i 国生产的中间品（1）的增加值被包含在 i 国对 j 国中间产品（3）的出口中，被 j 国"间接"消费了。此种分离方法也将便于在双边中间产品出口中区分"只跨越一次边境"的传统李

---

① 详见王直等（2018）附件 D 中（D1）式。

嘉图贸易与"至少两次跨越边境"的垂直专业化贸易（或称全球价值链贸易）。

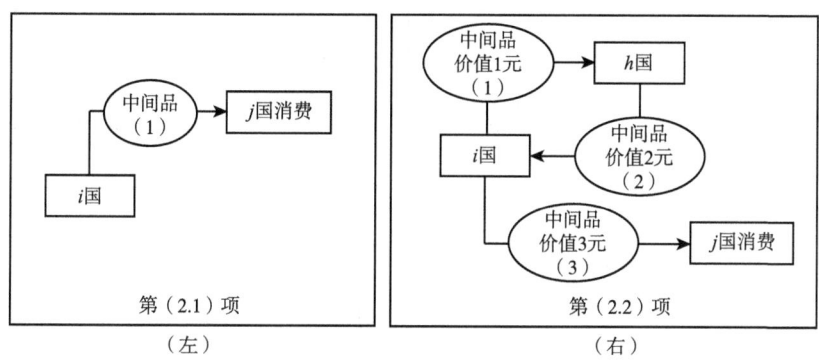

图 4.6 王直等（2018）分解的第（2）项图示

资料来源：笔者自制。

第（3）项由 3 个子项构成（见图 4.7），其中（3.1）项 $(V_iL_{ii})^T\#(A_{ij}\sum_{h\neq i,j}^{G}B_{jh}Y_{hh})$ 表示 i 国对 j 国出口的中间产品被进口国加工成中间产品，并继续出口至第三国，并被第三国消费的产品中所包含的 i 国国内增加值。第（3.2）项 $(V_iL_{ii})^T\#(A_{ij}B_{jj}\sum_{h\neq i,j}^{G}Y_{jh})$ 表示 i 国对 j 国出口的中间产品被进口国加工成最终产品，并继续出口至第三国，并被第三国消费的产品中所包含的 i 国国内增加值。第（3.3）项 $(V_iL_{ii})^T\#(A_{ij}\sum_{h\neq i,j}^{G}B_{jh}\sum_{u\neq i,h}^{G}Y_{hu})$ 表示 i 国对 j 国出口的中间产品被进口国加工成中间产品，并继续出口至第三国（h 国），并被第三国加工成最终产品后继续出口，至除 i 国以外的国家消费①的产品中，所包含的 i 国国内增加值，故此项中包含两种情形：一是最终产品的消费国是进口国（j 国）；二是最终产品的消费国是其他国（u 国），如图 4.7 所示。

---

① 由于其包含第三国生产的最终产品出口回 j 国并被 j 国消费的情况，即此部分包含了一部分 i 国对 j 国的间接增加值出口（VAX）。

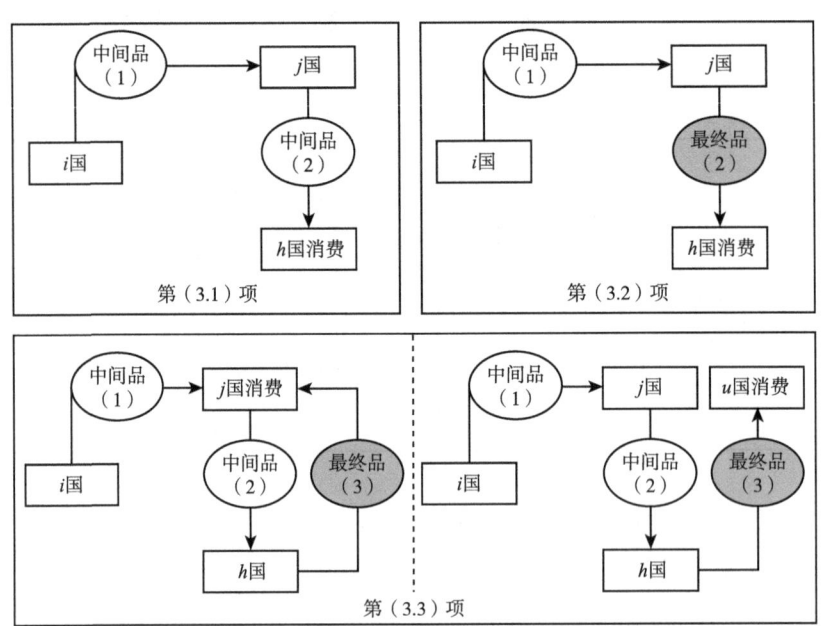

图 4.7 王直等（2018）分解的第（3）项图示

资料来源：笔者自制。

第（4）项也由 3 个子项构成（见图 4.8），其中（4.1）项 $(V_iL_{ii})^T\#(A_{ij}B_{ji}Y_{ji})$ 表示 i 国对 j 国出口的中间产品被进口国 j 国加工成最终产品，复进口回 i 国并消费的产品中所包含的 i 国国内增加值。第（4.2）项 $(V_iL_{ii})^T\#(A_{ij}\sum_{h\neq i,j}^{G}B_{jh}Y_{hi})$ 表示 i 国对 j 国出口的中间产品被进口国 j 国加工成中间产品，并继续出口至第三国，并被第三国加工成最终产品后出口至 i 国并消费的产品中，所包含的 i 国国内增加值。第（4.3）项 $(V_iL_{ii})^T\#(A_{ij}B_{ji}Y_{ii})$ 表示 i 国对 j 国出口的中间产品被进口国 j 国加工成中间产品，复进口回 i 国并被其加工后消费的产品中所包含的 i 国国内增加值。

第（5）项包含两个子项（见图 4.9），其中，（5.1）子项 $(V_iL_{ii})^T\#(A_{ij}B_{ji}\sum_{h\neq i}^{G}Y_{ih})$ 表示 i 国对 j 国出口的中间产品复进口回 i 国后，经加工成最终产品后，又继续出口的产品中所包含的 i 国国内增加值。即图 4.9 中中

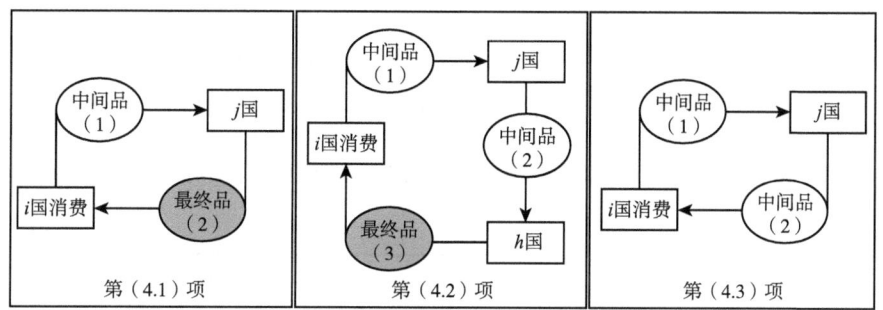

图 4.8　王直等（2018）分解的第（4）项图示

资料来源：笔者自制。

间品（1）部分的增加值，因为此部分已经在第（1）项中计算过一次，故属于"重复计算"。第（5.2）项 $\left(V_i L_{ii}\sum_{h\neq i}^{G} A_{ih} B_{hi}\right)^T \#(A_{ij}X_j)$ ① 表示 i 国对 j 国出口的中间产品复进口回 i 国后，经加工成中间产品后，又继续出口的产品中所包含的 i 国国内增加值。与库普曼等（2014）类似，第（5.1）项与（5.2）项均是"来自国内账户的重复计算"，因为复进口回 i 国后经加工又继续出口的产品，增加值已经计入 i 国对 j 国或对其他国家出口的第（1）—（4）项的某项中，对于 i 国国内 GDP 核算账户而言，第（5.1）

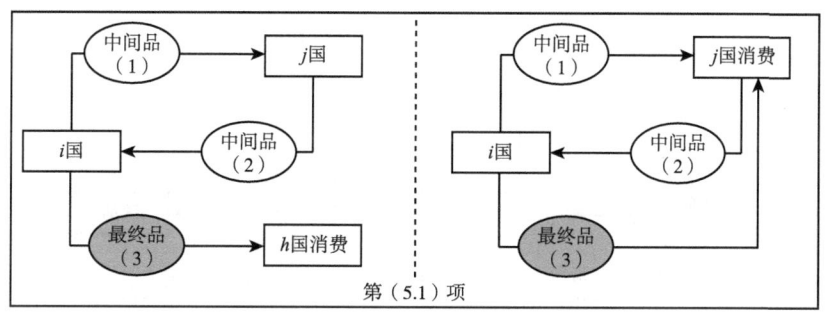

图 4.9　王直等（2018）分解的第（5.1）项图示

资料来源：笔者自制。

---

①　此子项亦可表示为 $(V_i B_{ii} - V_i L_{ii})^T \#(A_{ij}X_j)$。

与（5.2）项是重复计算①。

第（6）项包含两个子项（见图4.10），其中，（6.1）子项$(V_jB_{ji})^T\#Y_{ij}$表示i国对j国出口的最终产品中所包含的j国增加值。（6.2）子项$(\sum_{h\neq i,j}^{G}V_hB_{hi})^T\#Y_{ij}$表示$i$国对$j$国出口的最终产品中所包含的第三国增加值。

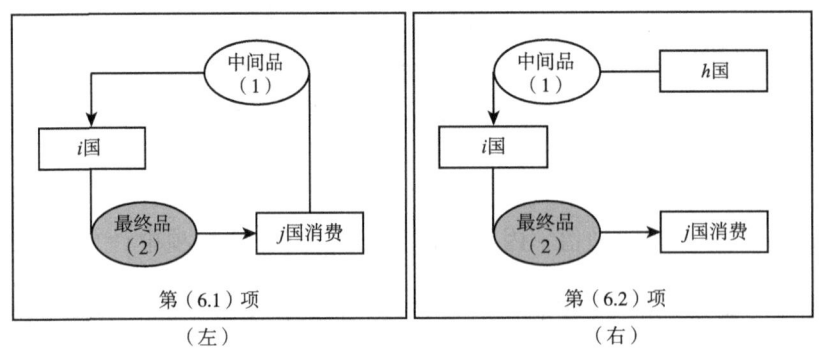

图4.10 王直等（2018）分解的第（6）项图示

资料来源：笔者自制。

第（7）项包含两个子项（见图4.11），其中，（7.1）子项$(V_jB_{ji})^T\#(A_{ij}L_{jj}Y_{jj})$表示$i$国对$j$国出口的中间产品，被进口国$j$国加工并"直接"

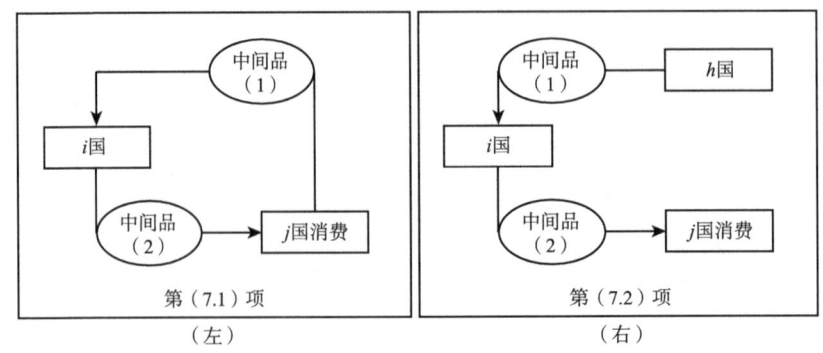

图4.11 王直等（2018）分解的第（7）项图示

资料来源：笔者自制。

① 由于5.2项所包含的情形较多，故贸易流向图省略。

消费的产品中所包含的 j 国增加值。(7.2) 子项 $\left(\sum_{h\neq i,j}^{G} V_h B_{hi}\right)^T \#(A_{ij}L_{jj}Y_{jj})$ 表示 i 国对 j 国出口的中间产品，被进口国 j 国加工并"直接"消费的产品中所包含的第三国增加值。

第（8）项包含两个子项（见图 4.12），其中，(8.1) 子项 $(V_j B_{ji})^T \#(A_{ij}L_{jj}E_j)$ 表示 i 国对 j 国出口的中间产品，被进口国 j 国加工，并继续出口至第三国的产品中所包含的 j 国增加值，是"来自 j 国账户的重复计算"。对于 i 国国内 GDP 核算账户而言，第（6）至（8）项都不属于 i 国国内 GDP，但（6）项和（7）项属于进口国 j 国 GDP 核算中的一部分，而（8.1）项，则涉及产品生产流程两次及以上跨越进口国 j 国边境，所以图 4.12 中中间品（1）的增加值已经计入 j 国出口中 j 国国内增加值分解的其他项中了，对于 j 国账户而言是"重复计算"部分。

(8.2) 子项 $\left(\sum_{h\neq i,j}^{G} V_h B_{hi}\right)^T \#(A_{ij}L_{jj}E_j)$ 表示 i 国对 j 国出口的中间产品，被进口国 j 国加工，并继续出口至第三国的产品中所包含的第三国增加值，图 4.12 中中间品（1）的增加值已经计入 h 国出口中 h 国国内增加值分解的其他项中了，是"来自其他外国账户（h 国）的重复计算"。

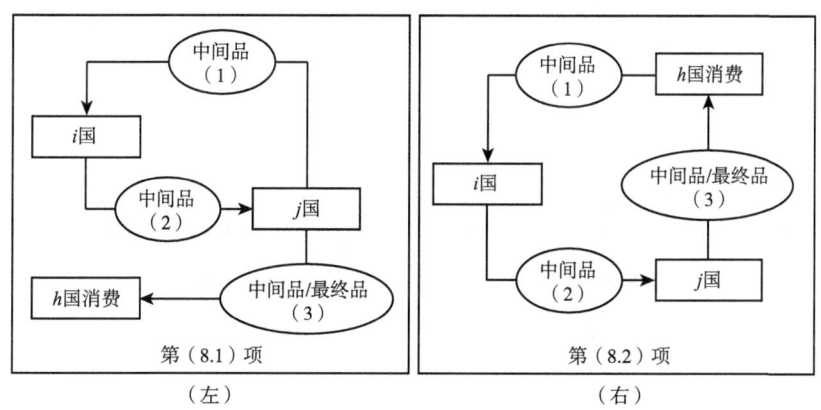

图 4.12　王直等（2018）分解的第（8）项图示

资料来源：笔者自制。

此外，王直等（2018）分别定义了在双边"产业"层面，基于前向关联（Forward Linkage）和后向关联（Backward Linkage）的增加值出口（VAX）概念：$VAX_{ij}^s\_F$ 和 $VAX_{ij}^s\_G$。其指出，基于前向关联角度的 $VAX_{ij}^s\_F$，表示 i 国出口最终被 j 国消费的产品中所包含 i 国 s 部门的增加值；基于后向关联角度的 $VAX_{ij}^s\_G$，表示 i 国 s 部门的出口最终被 j 国消费的产品中所包含 i 国增加值。然而，在双边出口层面，VAX_{ij}_F 和 VAX_{ij}_B 是一个相等的概念，都表示 i 国出口最终被 j 国消费的产品中所包含 i 国的增加值。从定义即可知，其可能不是 i 国对 j 国直接出口的一部分，故在双边层面对出口进行分解时，无法得到增加值出口的值，只能得到直接增加值出口，而 i 国 j 国的间接增加值出口，则是通过 i 国与其他国家的出口路径实现的[①]。见图 4.13。

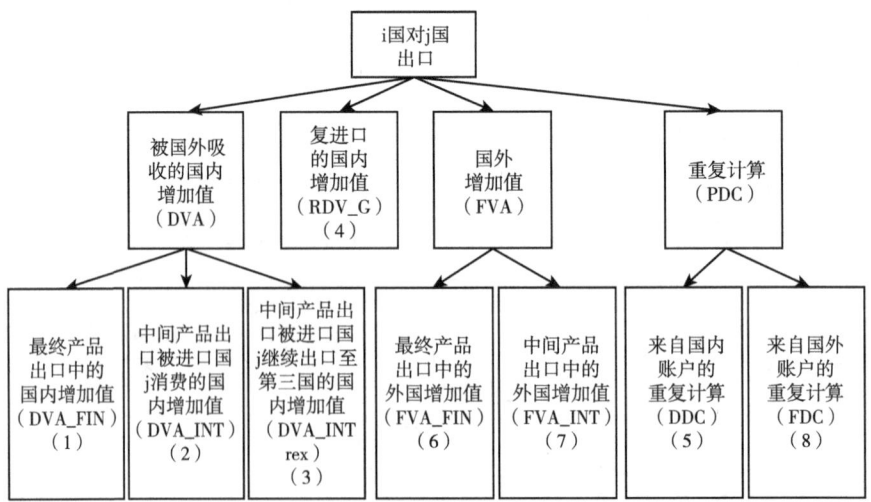

图 4.13　王直等（2018）对双边出口的分解

资料来源：王直等（2018）原文图 1。

---

① 指通过 i 国与其他国家出口中间产品，但最终产品又返回 j 国消费的贸易路径实现的。

4.3 价值链分解中"双重计算"的定义

基于上述研究可知，库普曼等（2014）最初是在一国总出口的分解中分离出"双重计算"部分，其目的在于研究一国 GDP 中有多少是由出口行为引致的，王直等（2013、2018）沿用了其思路，在双边层面的出口分解时，亦分离了"双重计算"部分。进一步地，纳根加斯特与施特赫尔（Nagengast and Stehrer，2016）提出，在考察"双重计算"部分时，存在两种不同的角度，一种是以出口国为基准的（"Source – based"），另一种则是以消费国为基准（"Sink – based"）的。博林与曼奇尼（2019）则进一步指出"双重计算"的分解不仅有以出口国为基准（"Source – based"）和以消费国为基准（"Sink – based"）的划分，还取决于拆分增加值时的视角（Perspective）。所谓"视角"，指界定是否属于"双重计算"时的范围（Perimeter），具体可分为以下 7 种视角：①以出口国国别为视角（Country – level Perspective）；②以出口国—进口国的双边关系为视角（Bilateral – level Perspective）；③以出口国—进口国—产业的产业层面双边关系为视角（Sectoral – bilateral – level Perspective）；④以出口国—产业为视角（Sectoral – exporter – level Perspective）；⑤以进口国为视角（Importer – level Perspective）；⑥以进口国—产业为视角（Sectoral – importer – level Perspective）；⑦以世界范围为视角（World – level Perspective）。

值得注意的是，并不是所有的拆分视角都可以用以出口国为基准（"Source – based"）和以消费国为基准（"Sink – based"）对"双重计算"进行划分，仅有基于出口国国别视角（Country – level Perspective）进行拆分时，才可以对"国内账户双重计算"和"国外账户双重计算"进行两个维度[①]的测算。此外，以世界范围为视角可以对"国外账户双重计算"

[①] 两个维度即指分别以出口国为基准（"Source – based"）和以消费国为基准（"Sink – based"）测算"国外账户双重计算"。

进行两个维度的测算，但无法以世界范围为视角去测度"国内账户的双重计算"①。

博林与曼奇尼（2019）同时指出，库普曼等（2014）和王直等（2013、2018）在测算"双重计算"时，均是以消费国为基准（"Sink – based"）进行测算的，但其对于"国内双重计算部分"（DDC）和"国外双重计算部分"（FDC）的测算视角并不相同。在测算 DDC 时，是以出口国国别为视角定义的（Country – level Perspective），但在测算 FDC 时，却是以世界范围为视角（World – level Perspective）定义的，这使得其测算结果存在偏差。基于此，博林与曼奇尼（2019）对库普曼等（2014）和王直等（2013，2018）的分解方法进行了优化，将 DDC 和 FDC 的测算统一为一个视角——以出口国国别为视角（Country – level Perspective）。

具体地，在此视角下，可分为以出口国为基准（"Source – based"）和以消费国为基准（"Sink – based"）两个维度的划分方法。博林与曼奇尼（2019）指出，此两种不同维度的计算方法，适用的研究问题也存在差异：①以出口国为基准（"Source – based"）方法更适用于考察国家间的生产联系，可以用于考察哪些贸易参与了全球价值链；②以消费国为基准（"Sink – based"）的方法更适用于研究生产和最终需求之间的关系，如考察一国的最终产品消费需求是如何影响贸易的发生的，或考察一国的最终产品出口的增加值构成。这两种考量"双重计算"的维度，在国别层面时恒等，但在双边层面考量时存在差异。

为说明在出口国国别视角下，两个维度拆分方法的区别，以一个三国模型为例，产品的生产和贸易流程如图 4.14 所示。A 国生产中间产品 a（含 1 元增加值）出口至 B 国，经 B 国进一步加工成中间产品 b（增加 1 元增加值，中间产品总价值为 2 元）后，复进口回 A 国再加工组装成最终产品（增加 1 元增加值，最终产品总价值为 3 元），最后出口至 C 国进行消费。在此产品的生产和贸易流程中，A 国生产的零部件 a 的增加值两次

---

① 详见 Borin 和 Mancini（2019）附件 E 的表 2。

跨越了 A 国边境，因此，在 A 国总出口贸易数据中被记录了两次，存在"重复计算"。

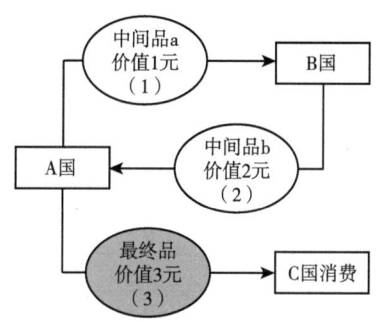

图 4.14　简化的三国模型 1——博林与曼奇尼（2019）

资料来源：博林与曼奇尼（2019）原文图 2。

在此例中分解"双重计算"时，若以出口国为基准（"Source - based"），则 A 国首次出口中间产品 a 至 B 国时，被视为 A 国的国内净增加值，被加工成最终产品后再次出口至 C 国时，a 的增加值部分视为"重复计算"；若以消费国为基准（"Sink - based"），则 A 国出口最终产品至 C 国时，产品中所含全部 A 国增加值部分被视为 A 国的国内净增加值，而 A 国首次出口中间产品 a 至 B 国时的部分则视为"重复计算"。

可见，无论是以出口国为基准（"Source - based"）还是以消费国为基准（"Sink - based"）的方法，其区别仅存在于双边层面，而在国别层面，两种分解方法的结果是一致的，如表 4.2 和表 4.3 所示。在国别层面，两种方法下均是 A 国 4 元的总出口数据中，存在 1 元的国内账户重复计算（DDC）和 1 元的国外增加值（FVA），即该国净出口值实为 2 元（DVA）。但在双边层面，则存在差异。表 4.2 以出口国为基准（"Source - based"）分解"双重计算"，即 A 国对 B 国的出口无"双重计算"，但 A 国对 C 国的出口中则包含 1 元的"国内账户双重计算（DDC）"；表 4.3 是以消费国为基准（"Sink - based"）分解"双重计算"，此时，A 国对 B 国出口中包含 1 元的"国内账户双重计算（DDC）"，但 A 国对 C 国的出口中无"双重计算"。①

表 4.2　博林与曼奇尼（2019）图 2 下的"重复计算"–source　　单位：元

	传统总出口（Export）	国内价值部分		国外价值部分	
		国内增加值（DVA）	国内账户重复计算（DDC）	国外增加值（FVA）	国外账户重复计算（FDC）
A 国总出口	4	2	1	1	0
A 国对 B 国	1	1	0	0	0
A 国对 C 国	3	1	1	1	0
B 国总出口	2	1	0	1	0
B 国对 A 国	2	0	0	1	0
B 国对 C 国	0	1	0	0	0

资料来源：笔者自制。

表 4.3　博林与曼奇尼（2019）图 2 下的"重复计算"—sink　　单位：元

	传统总出口	国内价值部分		国外价值部分	
		国内增加值	国内账户重复计算	国外增加值	国外账户重复计算
A 国总出口	4	2	1	1	0
A 国对 B 国	1	0	1	0	0
A 国对 C 国	3	2	0	1	0
B 国总出口	2	1	0	1	0
B 国对 A 国	2	0	0	1	0
B 国对 C 国	0	1	0	0	0

资料来源：笔者自制。

综上所述，其一，在双边层面，无论是哪种方法，出口中的国内部分（Domestic Content）与国外部分（Foreign Content）均相等；其二，在双边层面，两种方法下，出口中国内增加值（Domestic Value Added）、国内账户双重计算（Domestic Double Counted）、国外增加值（Foreign Value Added）、国外账户双重计算（Foreign Double Counted）的分解值会存在差异。如图 4.15 和图 4.16 所示。但在国别总出口层面，则不存在差异；其三，

---

① 对照 Wang 等（2013、2018）基于双边层面的分解公式可知，对于"来自国内账户的重复计算部分"，其采用的是以消费国为基准（"Sink – based"）的测算方法。

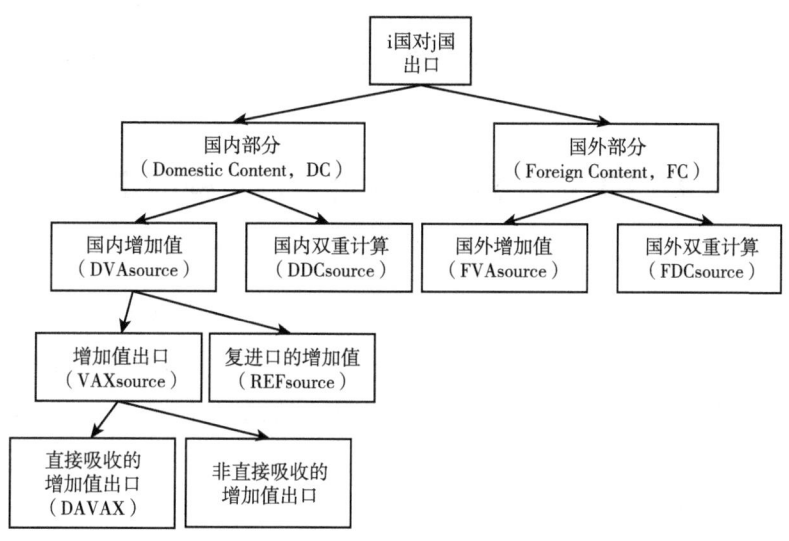

图 4.15　博林与曼奇尼（2019）以出口国为基准（"Source – based"）的双边出口分解

资料来源：笔者自制。

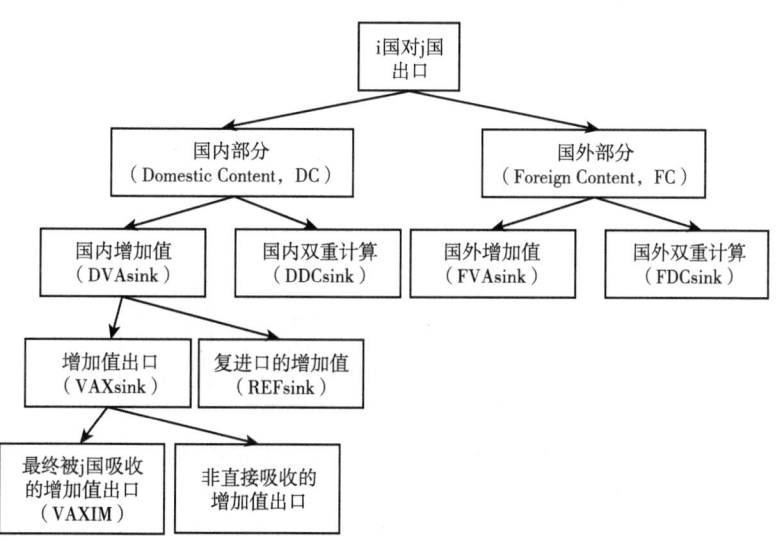

图 4.16　博林与曼奇尼（2019）以进口国为基准（"Sink – based"）的双边出口分解

资料来源：笔者自制。

博林与曼奇尼（2019）进一步优化了王直等（2018）双边出口分解方法下关于"双重计算"部分的处理，将 DDC 和 FDC 的测算统一为一个视角。

4.4　FTAs 视角下全球价值链重构的定义

综上所述，本书将基于博林与曼奇尼（2019）以出口国为基准（Source - based）的双边出口分解[①]，在 GN × GN × G 的多维矩阵基础之上，从贸易协定的视角构建研究所需的指标，如图 4.17 所示。图 4.17 是在图 4.15 的分解基础之上，进一步对"国外增加值"基于增加值来源国进行分解。

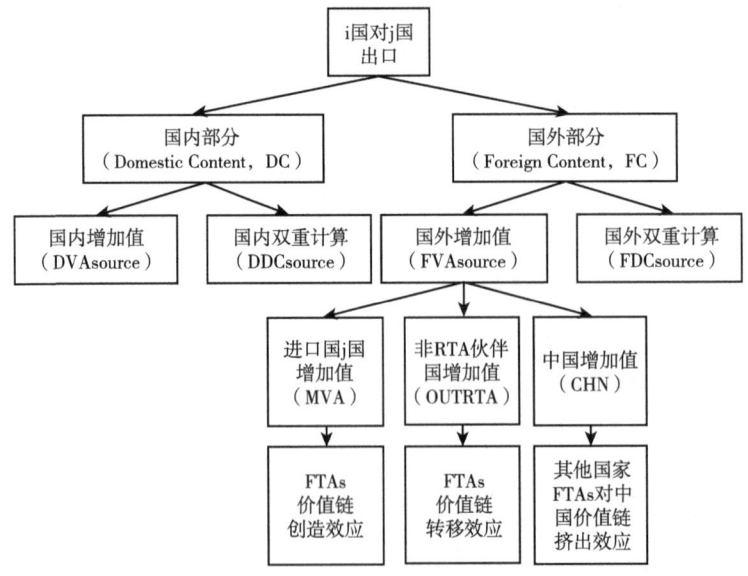

图 4.17　FTAs 视角下全球价值链重构的指标定义

资料来源：笔者自制。

---

① 如 Borin 和 Mancini（2019）指出的，以出口国为基准（"Source - based"）方法更适用于考察国家间的生产联系，可以用于考察双边贸易中哪些贸易参与了全球价值链。

本书具体定义了3个指标，并关注FTAs对其影响：

(1) "价值链创造" 效应（$MVA_{ij,t}$）

考察i国对j国的双边出口值中进口国（j国）增加值$MVA_{ij,t}$的影响。理论上，若i国与j国签署的FTA能够显著促进两国之间的价值链贸易，会使产品生产在两国之间更加分散化，则i国对j国出口中所包含的j国的增加值就会相较于双边出口更为显著地增加，产生"价值链创造"效应。

(2) "价值链转移" 效应（$OUTRTA_{ij,t}$）

考察i国对j国的双边出口中的非贸易协定成员国增加值的影响。即当i国与多个国家签署了RTAs时，如果这些RTAs能够对成员国之间的价值链贸易产生显著正向影响，则i国对j国的出口中会包含更多的RTAs成员的增加值和相对较少的非RTAs成员国增加值，产生"价值链转移"效应，即增加值来源从RTAs区域外国家向区域内转移。在构建此变量时，为使得跨年度的比较可实施，选取2018年是否与i国签署了自由贸易协定（FTAs）或关税同盟协定（CUs）来界定是否为i国RTAs伙伴国。

(3) 对中国的"价值链挤出"效应（$CHN_{ij,t}$）

鉴于增加值数据可以分解出双边出口中含某个国家增加值的变化，本研究进一步考察其他国家（剔除中国）间签署FTAs对其双边出口中所包含的中国增加值的影响，即其他国家间签署FTAs是否对中国产生了"价值链转移"效应。

第 5 章

自由贸易协定对全球价值链重构的影响机制分析

5.1 FTAs 对区域价值链的创造效应

关税是所有贸易成本中最显性的成本，也曾经是自由贸易协定谈判中的主要及重点谈判协商的对象。自由贸易协定通常是成员国之间就货物贸易产品，尤其是制造业产品，达成"实质上所有（Substantially All）"贸易取消关税的协定。这种大部分产品大幅度地降低关税，就会使 FTAs 区域内部的贸易成本（交易成本）降低。当产品的生产需要多次跨越区域内边境时，此种贸易成本降低的影响则会被进一步"扩大"。在理论模型研究层面，易（2003）通过构建一个动态多阶段的李嘉图模型，研究证实了在垂直专业化生产方式居多的贸易形态下，关税的降低的确会对国际贸易产生非线性的"扩大效应"。由于产品的生产链条多次跨越生产国的关境，每减少1%的关税水平，对产品生产成本降低的影响将远大于1%，分散化的生产方式使得关税的影响被扩大。因此，当成员国间签署优惠贸易协定，关税水平及其他贸易壁垒进一步降低，就可能会对成员国间的区域内价值链产生"创造效应"。这种"创造效应"的普遍存在，也可以从前文中有关北美自由贸易区、中国—东盟自由贸易区、美韩 FTA 以及中韩 FTA 区域内价值链变化趋势图的分析中窥见。

库普曼等（2014）对不同层面的关税数据进行统计，估计了 2004 年各主要经济体在垂直专业化贸易下，关税税率"扩大效应"的大小，如表 5.1 所示。表 5.1 中的第（1）列为标准加权的从价关税税率，第（2）列为中间产品进口占最终产品出口的比例，即生产链下游角度的垂直专业化程度（VS_DOWN 或 FVA），表示该国出口产品中所包含的进口增加值。这些进口产品的进口加权关税税率如第（3）列所示。第（4）列给出了简单的累积关税的"扩大效应"（是累积关税税率与最终产品关税税率之比）。例如，每增加一次跨越边境的生产过程，会使我国出口产品的贸易成本增加31%。

表 5.1 的数据统计分析充分表明了：其一，"扩大效应"的大小与中间产品的进口关税密切相关，当一个国家的中间产品进口关税为零时，垂直专业化贸易下关税的"扩大效应"并不存在①，如中国香港以及新加坡；其二，发展中国家关税的"扩大效应"明显要高于发达国家，这是因为发展中国家出口的国内增加值占比通常较低，且发达国家对于进口中间产品的关税税率普遍较低。据此可知，如果自由贸易协定能够切实地削弱成员间的关税壁垒（t_{ij}），降低贸易成本，将使资源能够自由地跨境流动和重新组合配置，从而产生"价值链创造效应"，形成更大规模和更深层次的垂直专业化贸易。

表 5.1 关税壁垒降低对垂直专业化贸易的创造效应，2004 年

国家/地区	（1）标准关税税率（%）	（2）垂直专业化程度 VS_DOWN	（3）进口投入品关税税率（%）	（4）累加关税率（1）+（3）（%）	（5）累加关税的创造效应（4）/（1）
发达经济体					
澳大利亚—新西兰	15.55	0.13	0.34	15.89	1.02
加拿大	1.6	0.38	0.24	1.84	1.15
欧盟（西部国家）	6.16	0.12	0.24	6.4	1.04
日本	6.22	0.12	0.05	6.27	1.01
美国	4.38	0.13	0.17	4.55	1.04
亚洲四小龙					
中国香港	10.16	0.42	0	10.16	1
韩国	6.05	0.32	1.46	7.51	1.24
中国台湾	4.76	0.42	1.4	6.16	1.29
新加坡	3.6	0.7	0	3.6	1
亚洲新兴经济体					
中国内地	6.17	0.29	1.91	8.08	1.31

① 但其他显性贸易成本，如运输成本，在垂直专业化贸易下仍存在扩大效应。

续表

国家/地区	（1） 标准关税税率 （%）	（2） 垂直专业化程度 VS_DOWN	（3） 进口投入品关税税率 （%）	（4） 累加关税率 （1）+（3） （%）	（5） 累加关税的创造效应 （4）/（1）
亚洲新兴经济体					
印度尼西亚	7.53	0.3	1.34	8.87	1.18
马来西亚	3.55	0.46	2.11	5.66	1.59
菲律宾	5.57	0.39	1.07	6.64	1.19
泰国	8.16	0.4	4.23	12.39	1.52
越南	10.71	0.43	8.62	19.33	1.8
印度	7.82	0.18	2.98	10.8	1.38
其他新兴经济体					
巴西	12.27	0.13	1.22	13.49	1.1
欧盟（后加入国家）	2.41	0.34	0.55	2.96	1.23
墨西哥	0.88	0.31	1	1.88	2.14
俄罗斯	5.36	0.18	1.61	6.97	1.3
南非	7.15	0.2	1.11	8.26	1.16

资料来源：Koopman R，Wang Z，Wei S J. Tracing value-added and double counting in gross exports. American Economic Review，2014。

尽管关税成本是贸易成本中最显性的，但与其他成本相比，它并不是当前贸易成本中最高的部分。安德森和温库普（2004）对贸易成本相关研究进行综合评估后指出，一些贸易政策，如关税、配额、汇率等，对于贸易的促进作用，远远低于交通基础设施投资、知识产权的保护、信息制度及管理等政策的实施，看似一体化程度很高的经济体之间，非显性的贸易成本依旧很高。罗德里克（Rodrik，2000）也曾指出，由于政治与司法系统的差异，跨境交易往往面临各种交易成本。这种交易成本来源很广，但最明显的是契约执行力问题。当契约是含糊而不完全时，需要重复交易或其他约束来使交易可持续。在分析跨境交易和跨国公司行为时，格罗斯曼与哈特（Grossman and Hart，1986）开创的不完全契约环境下的产权理论提供了一个很好的框架。安特拉斯与斯泰格（Antràs and Staiger，2012）在其理论框架下，给出了理论模型的证明，并指出由于存在交易成本及不完全信息市场，企业在生产分散化过程中，采取离岸外包而非内部化决策时，上下游企业之间契约的不完全性，对于国家之间贸易政策的协调提出了新的要求：不仅需要国家间在制度层面达成更深层次一体化的协议，还需要更加细致的"定制化"协议而非多边框架协议。也就是说，随着产品生产过程日益分散化，企业越来越多地将生产过程离岸外包至他国进行生产，双边/复边层面的深度一体化自由贸易协定的签署，能有力保障离岸外包的开展，促进区域内价值链的增加，产生"价值链创造效应"。

对区域内价值链贸易和优惠贸易协定深度之间关系的一个简单解释是，要使区域价值链有效运行，一些"边境内"政策需要在贸易协定中加以规范。第一，生产阶段的跨境分离导致了传统的贸易条件外部性之外的新的跨境政策外部性形式。第二，在全球价值链背景下，政府在执行边境后措施时可能会面临公信力问题。第三，在存在跨境生产的背景下，协调外部性（比如规制异质性）的成本可能更为高昂。这些外溢效应和公信力问题需要更深层次的一体化形式（全球价值链发展报告，2017）。本书第3章对自由贸易协定议题和发展趋势的分析已经表明，FTAs 中议题的"高标准"和"定制化"是一个明显的发展方向。尽管欧美日等发达国家更希望主导新一轮贸易规则的制定，一直积极签署更深层次的一体化协定，但以我国为主的发展中国家也在积极进行自由贸易协定的升级谈判。正如上文所指出的，这是垂直专业化这种涉及多次跨越国境的贸易下，以企业为主体，对于国家间的政策协调提出的内在诉求。这些诉求由于尚且不能在多边贸易体制下得到满足，而需要在双边或诸边的层面寻求解决，此种在较小的范围区间内达成的一致，也更具效率、更易达成。可以说，这种发展趋势既是相辅相成的，也是经济发展的客观规律所致，国家间的政策进一步协调，在理论上一定会对区域价值链产生"创造效应"。

5.2 FTAs 对区域价值链的转移效应

自由贸易协定可以被看作 WTO 多边机制下非歧视原则之一——最惠国待遇原则的"例外",本应具备天然的"歧视性"特征(或称"排他性"特征)①。维纳(1950)的关税同盟理论早就指出,关税同盟的成立会同时产生贸易创造效应和贸易转移效应。据此,FTAs 的成立,一方面会使区域内成员之间的贸易增加;另一方面,也可能会使区域内成员与区域外国家之间的贸易减少。同理,若产生的是价值链上的原材料或中间产品的减少,则可称 FTAs 产生了"价值链转移效应"。因此,理论上,上述能够使 FTAs 产生"价值链创造效应"的影响因素,如关税成本的降低和契约环境的改善等,同样也可能使得 FTAs 产生"价值链转移效应"。

理论模型方面,奥内拉斯等(Ornelas et al.,2021)将瓦尔拉斯匹配过程(Walrasian matching process)② 引入不完全契约模型,研究了生产外包下优惠贸易协定的福利效应,其定义了"价值链创造(Matching Creaion)"和"价值链转移(Matching Diversion)"的概念。"价值链创造"是指本国生产效率较低的中间产品供应商被 FTAs 成员国内效率较高的供应商取代,使 FTAs 区域内创造了更多的垂直专业化贸易;"价值链转移"是指 FTAs 外更有效率的供应商被 FTAs 成员国内效率相对较低的供应商取代,使 FTAs 区域外的垂直专业化贸易转移至区域内。奥内拉斯等(2021)认为,"价值链创造"与"价值链转移"的概念类似于维纳(1950)定义的"贸易创造"与"贸易转移"的概念,"价值链创造"使 FTAs 成员国福利水平增加,"价值链转移"则使成员国的福利减少。但两者的区

---

① 钟立国. GATT1994 第 24 条的历史与法律分析 [J]. 法学评论,2003(06):41-47.

② 在模型中,假设存在一个简单的瓦尔拉斯均衡匹配环境,即每个提供定制化中间产品的产品供应商(Supplier)需要向中间产品的买家(Buyer)支付费用,才能完成匹配形成生产供应链,这使得在模型中,高生产率的供应商会更易于匹配成功,达成合同形成生产链。

别在于影响机制不同，维纳（1950）是古典贸易模型下基于贸易条件由市场出清条件（market clearing）决定的假设，奥内拉斯等（2021）则基于不完全契约理论模型下贸易条件由生产链条上的生产合作方议价（bargaining）决定的假设①。

除此之外，FTAs 日益复杂的原产地规则也使贸易协定的"排他性"特征愈发明显。孔科尼等（Conconi et al.，2018）研究结果表明，北美自由贸易协定对从非成员国进口受限制的商品产生了不利影响，当最终产品生产商有更强烈的动机去遵守规则时，"贸易转移"影响的幅度会进一步增加，其给出了原产地规则会放大生产链转移的有力证据。例如，NAFTA 的原产地规则规定，只有当生产手表的机芯（HS 编码 9108）、表带（HS 编码 9113）和表壳（HS 编码 9112）均来源于 NAFTA 内部的生产商时，最终产品手表才能以免税的形式进入 NAFTA 成员市场。因此，FTAs 的原产地规则使 FTAs 的"歧视性"更具有成本攀升效应（Cascade Effect），使对中间产品的保护更高，进而产生对原材料/中间产品的转移效应。

此外，一些国家还试图将基于财政补贴的单边产业政策与 FTAs 项下原产地规则政策相结合，推动关键产品的生产过程向 FTAs 区域内"价值链转移"。

2022 年 8 月 16 日，时任美国总统拜登签署了国会两院通过的《通货膨胀削减法案 2022（Inflation Reduction Act of 2022）》，这是美国政府推行构建区域价值链的典型政策例证。如表 5.2 所示，IRA 法案规定，为享受美国联邦政府税收抵免政策，电动汽车的产业链生产必须满足以下三个原产地要求：一是关键矿物要求（Critical Minerals Requirement），即要求电动汽车电池中至少有价值 40% 的锂、镍、锰、石墨和钴等关键矿物，必须

---

① 除此之外，Ornelas et al.（2021）在模型中还定义了"外包转移（Sourcing Diversion）"的概念。"外包转移（Sourcing Diversion）"与"价值链转移"都造成 PTA 成员国福利的净损失，但其含义不同："价值链转移"是"外延边际（Extensive Margin）"层面的生产链转移，生产链条上的合作企业发生改变，是区域外更有效率的供应商被 FTAs 成员国内效率相对较低的供应商取代而导致的福利的损失；而"外包转移"是"集约边际（Intensive Margin）"层面的生产链转移，是已参与生产链的企业进一步将生产环节外包，是生产链条的过度分散导致的福利损失。

是在美国或与美国有"自由贸易协定（Free Trade Agreement）"的国家中提取、加工或回收，且这一比例将逐年递增 10 个百分点，到 2026 年年底需达到 80%。二是电池组件要求（Battery Components Requirement），即要求动力电池零部件价值的 50% 必须在北美（美国、加拿大及墨西哥）制造或组装，这一比例到 2024—2025 年增至 60%，此后逐年递增 10%，在 2028 年年底需达到 100%。三是最终组装要求（Final Assembly Requirement），即要求电动汽车的最终组装必须在北美进行。

此外，从 2023 年 12 月 31 日起，如果电动汽车包含来自"受关注外国实体（Foreign Entity of Concern）"的电池组件或关键矿物，也将无法申领上述税收抵免。对"受关注外国实体"的定义引用了《基础设施投资和就业法（Infrastructure Investment and Jobs Act）》（或简称《投资美国法（INVEST in America Act）》），该定义包括"由朝鲜、中国、俄罗斯和伊朗拥有、控制或管辖的实体"。2023 年 12 月 4 日，美国公布了《关于受关注外国实体解释规则拟议指南》，明确该认定规则不仅将包括注册地等属地管辖标准，还包括 25% 股权或投票权控制标准，以及许可合同等协议控制的属人管辖标准，继而囊括了在境外投资和开展技术合作的中资企业[①]。据此，美国汽车制造商要想获得全额的电动汽车税收抵免，不仅要满足车辆必须在北美制造的要求，汽车电池的大部分零部件和原材料也必须来自美国或与美国签订"自由贸易协定"的国家。

表 5.2　《通货膨胀削减法案 2022》税收抵免政策的原产地规则要求

生产环节	具体产品	原产地规则要求
原材料	锂、镍、锰、石墨和钴等关键矿物	必须在美国或与美国有 FTAs 的国家中提取、加工或回收，RVC 比例自 40% 逐年递增 10 个百分点，到 2026 年年底需达到 80%； 不得含有任何来自"受关注实体"的原材料，囊括了在境外投资和开展技术合作的中资企业

---

① 阮淑慧，漆彤. 美国区域价值链规则的路径转向——以《通胀削减法》新能源汽车补贴条款为视角 [J]. 亚太经济，2024（04）：76-86.

续表

生产环节	具体产品	原产地规则要求
中间产品	电池零部件	必须在USMCA区域内制造或组装，RVC比例自50%逐年递增10%，在2028年年底需达到100%；不得含有任何来自"受关注实体"的中间产品，囊括了在境外投资和开展技术合作的中资企业
最终组装	整车	必须在USMCA区域内组装

资料来源：作者整理。

上述美国政府对于电动汽车原材料来自"自由贸易协定"伙伴国的政策要求，凸显了美国政府试图通过单边产业政策，尤其是其严苛的"排他性"原产地规则条款，以割裂全球价值链，实现"价值链转移"效应和USMCA区域价值链构成的政策导向。更重要的是，相较于FTAs项下的互惠政策，此种单边主义政策有更高的灵活性和自主性，且有更具地缘政治色彩的"排他性"特征，恐将进一步促进FTAs发挥对区域价值链的"转移"效应。

最后，一些"边境内"议题也可能具备"排他性"特征，从而产生对投资以及价值链的"转移"效应。以服务贸易条款为例，尽管FTAs中的服务贸易准入条款多数被认为是"非排他性"的，但条款中可能也会存在一些"歧视性"条款，例如，给予FTAs成员国服务提供商在管理政策和税收上的国民待遇；给予FTAs成员国更低的市场准入条件等。

5.3 FTAs区域价值链效应的异质性

综上所述，理论上，FTAs中无论是"边境上"的关税降低还是"边境后"更深层次的政策协调，均会对区域内价值链产生"价值链创造效应"和"价值链转移效应"。但需要注意的是，FTAs对区域内价值链的"创造效应"和"转移效应"可能会因其条款内容的差异而有所不同。

自由贸易协定除降低关税及非关税壁垒，协调区域内贸易政策外，有时也会包含诸多并不普遍的附加条款。以墨西哥为例，墨西哥的"出口商进口税退税计划"免去了公司进口电脑数据、原材料、零部件、包装材料等其他用于生产出口商品的进口关税。然而，在墨西哥同欧盟签署的自由贸易协议中，第15条第4部分明文规定禁止墨西哥实施进口税退税，或者免除非原产地材料用于加工成制成品出口至缔约国的条款。此条款具体规定：第一，对于非原产地货物，墨西哥公司将商品出口至欧盟自由贸易协议或欧洲自由贸易组织缔约国时，需指明关税优惠是否属于协定涵盖范围。若属于，进口关税则不应予退还；若不属于，则退还支付的全部税款。第二，对于原产地货物，若货物的进出口国均属于欧盟自由贸易协议或欧洲自由贸易组织缔约国，将享受全额退税优惠政策。墨西哥与美国及加拿大签署的北美自由贸易协定中的303条款（对出口商进口税退税与关税延付的限制条款）也规定，对于非原产地输入原材料被加工成制成品出口到美国或加拿大的，只有当原材料进口到墨西哥缴纳的税款低于出口至美国及加拿大制成品缴纳的税款时，才应予以退税。在这些条款下，墨西哥原有的加工贸易工厂虽然在出口其他市场时，仍享受出口退税政策，但对于协定缔约国的出口则不能再享受此政策。政策效应的直接后果则是墨西哥大量加工贸易企业的迁移，这是因为：一方面墨西哥制成品的最终需求市场高度依赖（90%）美国；另一方面，很多欧洲及亚洲跨国公司的全球布局，使制成品的生产离不开对其他国家进口中间产品的使用。北美自由贸易协定的签署不仅没有降低这些企业的生产成本，反而进一步使这些企业的生产成本增加，即对于出口至美国的产品，不再享有进口关税退税政策。对此，墨西哥政府积极与受影响企业协商，并主动降低受影响企业涉及进口中间产品的 MFN 税率（Sectoral Promotion Program，PROSEC）。

此外，值得注意的是，FTAs 对"价值链创造"和"价值链转移"的影响程度也取决于区域内生产商遵守 FTAs 规则的动机，以原产地规则为例，复杂的原产地规则会变相增加厂商的合规成本，使 FTAs 利用率降低。当一国签署了诸多自由贸易协定时，企业就需要熟悉各层次 FTAs 关税的使用、原产地规则及其他管理需求，如果每个 FTAs 复杂的原产地规则都不一样,"意大利面碗"效应将使确定原产地变得困难,企业及行政部门运用FTAs的商业成本以至行政成本就会越来越高。一些研究指出,过于严格的原产地规则条款可能会使企业因为合规成本过高而选择不申请使用FTAs优惠税率。卡雷尔等(Carrère et al.,2008)基于东盟—欧盟自由贸易区,卡多等(Cadot et al.,2006,2007)基于泛欧、北美自由贸易区(NAFTA)的比较研究表明,自由贸易协定下关税水平降幅越大的产品,其对应的原产地规则复杂度指数越高,满足原产地规则的成本越高;同时,原产地规则复杂度越高,FTAs利用率会越低,而FTAs利用率高低会直接影响到FTAs贸易自由化和便利化作用的发挥。海德等(Head et al.,2024)基于理论模型和北美汽车行业的经验研究表明,原产地规则的区域含量要求也呈现出"拉弗税收曲线"效应,即最初会对区域内零部件采购起到促进作用,但当达到阈值以上时,则会适得其反。FTAs中其他重叠的管理规则亦是如此,例如,在FTAs里设定知识产权规则时,如果每个FTAs所规定的内容都有所不同,那么与知识产权相关的国内规定也会变得错综复杂(Engman、Onodera and Pinali,2007)。

更重要的是,与"边境上"关税减让不同,涉及竞争政策、知识产权、投资政策等规定往往具有"非歧视"性质和"公共产品"特征,并且可能在与外部国家的关系中降低贸易成本和歧视,产生积极的溢出效应或"反向"贸易转移(reverse trade diversion),也称之为外部贸易创造(external trade creation)(Baldwin,2011;Baldwin and Low,2009;Baldwin,2014;Mattoo et al.,2022)。

具体来看,首先,不同于货物贸易中用原产地规则来判定商品的"国籍",在服务贸易和投资条款中,是很难界定服务或公司的"国籍"的,因此很难制定仅适用于特定国家的规则。若将公司的国籍定义为注册所在地,则第三方国家的公司可以通过在成员国之一注册子公司来享受FTAs的优惠政策。

其次,FTAs中的一些条款具有"最惠国待遇(Most-favored-nation)"特征,是以非歧视性的方式降低准入条件的,如海关管理、国营贸易企业、服务贸易、投资政策、知识产权规则等。这些条款无法给予成员国"排他性"待遇,比如,若一国设立竞争当局以履行FTAs下竞争政策承诺,则这些改革将使FTAs的成员和非成员都受益;又如,在服务领域,当FTAs内部由于降低服务部门市场准入门槛,而使成员国提供更好的基础服务时,市场准入通常是通过改革国内监管来实现的,如外资参与规则或对基础设施的准入,这些改革很难以一种授予特权准入的方式进行,并且,此种服务改善的将是成员国的整体营商环境,进而有利于其与区域外国家开展生产合作。

再次,对于监管类政策的公共物品属性,如大多数竞争政策属于监管性质,基于限制禁止行为的规则(如价格垄断),则不考虑被告或原告的国籍。因此,如果韩国的竞争政策得到EU—韩国FTA的加强,那么第三方国家的企业也会受益于韩国市场公平性的提高。

最后,规范特定的法规很可能会使来自所有国家的出口商更容易向FTAs内部市场销售产品。技术贸易壁垒(TBT)——如卫生、安全和环境法规和标准——也很难在歧视性基础上得到应用,正如欧盟通过其激进的TBT自由化(单一市场计划)所经历的情况一样。TBT通常以"良好治理"标准来证明其合理性,如保护消费者安全。假设一个FTA促使整个成员国对电梯的安全标准达到一致化,以便合作伙伴之间更容易进行销售。由于产品规定是一般政策,不受原产地规则限制,从逻辑上讲,标准化可能使第三国更容易向FTA内部市场销售。

综上所述,鉴于FTAs一些条款自身的"非歧视"和"公共产品"性质等原因,FTAs中涉及贸易便利化、竞争政策、知识产权、投资政策、服务贸易、TBT等条款,可能会使来自第三方国家的进口更容易,进而FTAs与区域外价值链贸易量不降反增,产生"反向贸易转移"。

第6章

自由贸易协定对全球价值链重构影响的实证分析

引力模型是研究 FTAs 对于双边贸易政策效应的常用工具之一，是国际贸易研究领域评估双边贸易影响因素的主要模型，因标准化方程结构与物理学中"万有引力定律"相似而得名，即双边贸易量与进出口国双方的经济规模正相关，而与贸易距离呈负相关 [$Export_{ij} = Constant * (Income_i * Income_j / Distance_{ij})$]。自廷贝亨（1962）提出至今，引力方程在国际贸易研究领域得到多项研究的验证，具有良好的理论基础和经验支持。本章在引力模型的框架下，将分别采用多种不同的设定，来检验自由贸易协定对价值链重构的影响，包括结构引力模型以及拟泊松最大似然估计模型，并分别采用国别配对固定效应法、倾向得分匹配法以及工具变量法，修正自由贸易协定的内生性问题，以获得一致性估计。在稳健性检验部分，本章进一步在模型中加入国内贸易流数据、FTAs 预期及滞后项，或采用间隔年数据展开估计。在异质性分析部分，则分别基于 FTAs 子条款复杂度异质、区域异质及行业异质层面展开。

6.1 模型构建与数据来源

鉴于不考虑"多边贸易阻力项（Multilateral Resistance Term，MRT）"对于双边贸易的影响，会导致引力方程的实证分析结果有偏且不一致，本书采用"国别固定效应"来控制进、出口国的个体特征，将此结构引力方程作为本书的基准模型。诸多实证研究已表明，这种方法能进一步保证引力方程的一致性估计（Redding and Venables, 2004；Baier and Bergstrand, 2007；Horn et al., 2010；Fugazza and Nicita, 2010；Feenstra, 2016）。

6.1.1 基准实证模型构建

参考诺盖拉（2012）的方法，本书主要通过比较双边总出口值和分解后的增加值引力模型中 FTAs 系数的变化来考察 FTAs 对全球价值链重构的影响。故首先构建双边总贸易的引力方程，如式（6.1）所示，模型中的被解释变量 $\ln EXP_{ij,t}$ 代表对数化的 i 国对 j 国 t 年度的出口总值，$FTA_{ij,t}$ 为实证模型的核心解释变量，代表自由贸易协定，在具体的回归方程中，$FTA_{ij,t}$ 可能以不同的形式出现在模型中：①$FTA_{ij,t}$ 为虚拟变量，若 i 国与 j 国在 t 年有已生效的 FTAs，则取值为 1，否则为 0；②$FTAdepth_{ij,t}$ 为自由贸易协定深度指数，在进行标准化处理后，取值范围在 0—1。

$$\ln EXP_{ij,t} = \beta_0 + \beta_1 \ln FTA_{ij,t} + \beta_2 Other\_RTA_{ij,t} + \beta_3 \ln DIST_{ij} \\ + \beta_4 CONTIG_{ij} + \beta_5 COMLANG_{ij} + \eta_{i,t} + \theta_{j,t} + \varepsilon_{ij,t} \quad (6.1)$$

在基准模型的基础之上，将被解释变量——双边出口总值 $EXP_{ij,t}$ 替换为分解后的增加值变量，以此搭建了三个实证模型框架：

（1）模型一：FTAs 对双边出口中含进口国增加值的影响

首先，是考察 i 国对 j 国的双边出口值中进口国（j 国）增加值 $MVA_{ij,t}$ 的影响。理论上，若 i 国与 j 国签署的 FTA 能够显著促进两国之间的价值链贸易，会使产品生产在两国之间更加分散化，则 i 国对 j 国出口中所包含的 j 国的增加值就会相较于双边出口更为显著地增加，产生"价值链创造"效应：

$$\ln MVA_{ij,t} = \beta_0 + \beta_1 \ln FTA_{ij,t} + \beta_2 Other\_RTA_{ij,t} + \beta_3 \ln DIST_{ij} \\ + \beta_4 CONTIG_{ij} + \beta_5 COMLANG_{ij} + \eta_{i,t} + \theta_{j,t} + \varepsilon_{ij,t} \quad (6.2)$$

式（6.2）中的被解释变量 $\ln MVA_{ij,t}$ 表示对数化的 i 国对 j 国 t 年度出口中所包含的 j 国（进口国）增加值。

（2）模型二：FTAs 对双边出口中含非 RTAs 伙伴国增加值的影响

其次，是考察 i 国对 j 国的双边出口中的非贸易协定成员国增加值的影响。当 i 国与多个国家签署了 RTAs 时，如果这些 RTAs 能够对成员国之间的价值链贸易产生显著正向影响，则 i 国对 j 国的出口中会包含更多的 RTAs 成员的增加值和相对较少的非 RTAs 成员国增加值，产生"价值链转移"效应，即增加值来源从 RTAs 区域外国家向区域内转移：

$$\ln OUTRTA_{ij,t} = \beta_0 + \beta_1 \ln FTA_{ij,t} + \beta_2 Other\_RTA_{ij,t} + \beta_3 \ln DIST_{ij}$$
$$+ \beta_4 CONTIG_{ij} + \beta_5 COMLANG_{ij} + \eta_{i,t} + \theta_{j,t} + \varepsilon_{ij,t}$$
(6.3)

式（6.3）中的被解释变量 $\ln OUTRTA_{ij,t}$ 表示对数化的 i 国对 j 国 t 年度出口中所包含的非 i 国 RTAs 伙伴国的增加值。在构建此变量时，为使跨年度的比较可实施，选取 2018 年是否与 i 国签署了自由贸易协定（FTAs）或关税同盟协定（CUs）来界定是否为 i 国 RTAs 伙伴国。

(3) 模型三：其他国家 FTAs 对其双边出口中含中国增加值的影响

最后，鉴于增加值数据可以分解出双边出口中某个国家增加值的变化，本研究进一步考察其他国家间签署 FTAs 对于其双边出口中所包含的中国增加值的影响，即其他国家间签署 FTAs 是否对中国产生了"价值链挤出"效应：

$$\ln CHN_{ij,t} = \beta_0 + \beta_1 \ln FTA_{ij,t} + \beta_2 Other\_RTA_{ij,t} + \beta_3 \ln DIST_{ij}$$
$$+ \beta_4 CONTIG_{ij} + \beta_5 COMLANG_{ij} + \eta_{i,t} + \theta_{j,t} + \varepsilon_{ij,t} \quad (6.4)$$

式（6.4）中的被解释变量 $\ln CHN_{ij,t}$ 表示对数化后的 i 国对 j 国 t 年度出口中所包含的来自中国的增加值，其中 i、$j \neq CHN$。

6.1.2 变量设定与数据来源

(1) 被解释变量

双边出口及其分解后数据均来源于 OECD—ICIO 2021 版数据库，共包含 66 个国家和地区，17 个制造业细分行业，时间跨度为 1995—2018 年，共 24 年。OECD—ICIO 的构建使用了考虑加工贸易的非竞争型的投入产出表（China's DPN IO Tables），区分了中国双边加工贸易和非加工贸易数据。诸多研究表明，若不考虑中国、墨西哥加工贸易的国际投入产出表，关于制造业的研究结论则会产生偏差（Chen et al., 2012, 2019; Jones et al., 2016; Koopman et al., 2012; De la Cruz et al., 2011）。

（2）解释变量

第一，核心解释变量。

$FTA_{ij,t}$ 为虚拟变量，代表 i 国与 j 国之间在 t 年是否签署 FTAs，自由贸易协定深度 $FTAdepth_{ij,t}$ 为标准化后的变量，取值范围为 0—1，代表 i 国与 j 国之间在 t 年所签署 FTAs 的条款深度。其子条款构成如第 3 章所示，共由 10 个与全球价值链紧密相关的 FTAs 议题构成，分别为：①原产地规则条款；②贸易便利化条款；③技术性贸易壁垒条款；④服务贸易条款；⑤资本流动条款；⑥自然人移动条款；⑦数据流动条款；⑧知识产权保护条款；⑨竞争政策条款；⑩投资条款。这 10 个子条款也均为标准化后的变量，取值范围为 0—1，各子条款的赋值规则如第 3 章及附件 A 所示。其中，数据流动条款深度数据来自瑞士卢塞恩大学构建的区域贸易协定电子商务和数据条款（Trade Agreements Provisions on Electronic-commerce and Data, TAPED）数据库，其他子条款数据均来源于世界银行深度贸易协定（Deep Trade Agreements, DTA）数据库。[①]

第二，其他解释变量。

控制变量 $Other\_RTA_{ij,t}$ 为虚拟变量，若 i 国与 j 国在 t 年有已生效的其他贸易协定［除 FTAs 外的其他贸易协定，如局部贸易协定（PSAs）和关税同盟（CUs）］，则取值为 1，否则为 0；$GDP_{i,t}$ 与 $GDP_{j,t}$ 分别代表出口国 i 与进口国 j 在 t 年度的总产出与总支出，$DIST_{ij}$ 表示 i 国与 j 国双方的地理距离，$LANG_{ij}$ 与 $CTNG_{ij}$ 均为虚拟变量，分别表示 i 国与 j 国双方是否使用相同的语言，是否是地理毗邻国家。数据均来自 CEPII 数据库[②]。

[①] TAPED 数据库网址：https://www.unilu.ch/en/faculties/faculty-of-law/professorships/managing-director-internationalisation/research/taped/；DTA 数据库网址：https://datatopics.worldbank.org/dta/table.html；鉴于两个数据库涵盖的 FTAs 数量和时间范围并不一致，为减少样本损失，本研究在构建 FTAs 条款深度总指标时，剔除了"数据流动条款深度"这一子指标，但在异质性分析部分时，仍会将其纳入考察。

[②] http://www.cepii.fr/cepii/en/bdd_modele/presentation.asp?id=8.

基准回归下模型一与模型二的各变量的描述性统计结果见表6.1；模型三的各变量的描述性统计结果见表6.2。可见，模型三中被解释变量为除中国以外国家之间的双边出口值，故样本量为99 840，少于模型一和模型二的样本量。

表6.1　模型一和模型二的主要变量描述性统计特征

变量名	观测值	均值	标准差	最小值	最大值
lnEXP	102 960	17.99	3.07	3.53	26.76
lnMVA	102 960	10.59	4.47	0.00	24.40
lnOUTRTA	102 960	15.53	3.12	1.13	24.61
FTA	102 960	0.20	0.40	0.00	1.00
Other_RTA	102 960	0.15	0.36	0.00	1.00
lnFTAdepth	102 960	0.04	0.11	0.00	0.69
lnDist	102 960	8.50	1.01	4.03	9.89
CONTIG	102 960	0.04	0.19	0.00	1.00
COMLANG	102 960	0.07	0.25	0.00	1.00

表6.2　模型三的主要变量描述性统计特征

变量名	观测值	均值	标准差	最小值	最大值
lnEXP	99 840	17.90	3.04	3.53	26.27
lnCHN	99 840	13.09	3.31	0.18	23.67
FTA	99 840	0.20	0.40	0.00	1.00
Other_RTA	99 840	0.16	0.36	0.00	1.00
lnFTAdepth	99 840	0.04	0.11	0.00	0.69
lnDIST	99 840	8.49	1.02	4.03	9.89
CONTIG	99 840	0.03	0.18	0.00	1.00
COMLANG	99 840	0.07	0.25	0.00	1.00

6.2　结构引力方程回归结果

模型一估计结果如表6.3所示，第（1）至（4）列的被解释变量为双边出口（$\ln EXP_{ij,t}$），距离变量（$\ln DIST_{ij}$）弹性显著且绝对值近似于 1，这与理论模型和既往研究的结论相符，表明引力模型构建具备理论一致性。

当模型一中未控制其他贸易协定的虚拟变量（$OtherRTA_{ij,t}$）时，FTA 对双边出口（$\ln EXP_{ij,t}$）的影响系数为 0.183，表示签署 FTAs 使得协议国之间的贸易平均增长了 20.08%（$e^{0.183}-1=0.2008$）；当控制了其他贸易协定的影响时，FTA 对双边出口（$\ln EXP_{ij,t}$）的影响系数为 0.273，表示签署 FTAs 使得协议国之间的贸易平均增长了 31.39%。可见，是否控制其他贸易协定变量可能会影响对 FTAs 的政策评估强度和显著性，如（1）列与（2）列所示。从自由贸易协定的深度角度看，FTAs 协定深度每增加 1%，会使双边出口增加 28.91%，表明贸易协定深度对于成员国出口有显著促进作用，如第（4）列所示。

进一步地，模型一更关注的是比较 $\ln EXP_{ij,t}$ 与 $\ln MVA_{ij,t}$ 影响系数的差别，进而判断 FTAs 是否存在显著的"价值链创造"效应。首先，比较第（2）列与（6）列的影响系数差异，可见，与进口国签署 FTAs，则会使双边贸易中进口国增加值比重平均增加 16.53%（$e^{0.426-0.273}-1=0.1653$），而 FTAs 协定深度每增加 1%，则会使得双边贸易中进口国增加值比重平均增加 25.11%，证明了签署 FTAs，尤其是 FTAs 的条款深度增加，会存在显著的双边"价值链创造"效应。

综上所述，模型一的基准实证研究结果表明，自由贸易协定对于成员国间存在明显的"价值链创造"效应，成员会更多使用来自 FTAs 缔约国的中间产品进行生产，且 FTAs 条款深度越复杂，"价值链创造"效应越显著。

表 6.3　　模型一 FTAs 的政策效应估计——结构引力方程

	lnEXP				lnMVA			
	(1)	(2)	(3)	(4)	(5)	(6)	(7)	(8)
FTA	0.183 *** (5.525)	0.273 *** (6.764)			0.271 *** (5.880)	0.426 *** (7.486)		
lnFTAdepth			0.192 (1.570)	0.254 ** (2.000)			0.345 * (1.966)	0.478 *** (2.602)

续表

	lnEXP				lnMVA			
	(1)	(2)	(3)	(4)	(5)	(6)	(7)	(8)
lnDIST	-1.031*** (-51.865)	-0.980*** (-39.201)	-1.048*** (-52.990)	-1.032*** (-44.739)	-1.847*** (-63.817)	-1.759*** (-47.657)	-1.870*** (-64.788)	-1.836*** (-53.728)
CONTIG	0.343*** (3.624)	0.365*** (3.827)	0.332*** (3.496)	0.338*** (3.543)	0.781*** (5.038)	0.819*** (5.247)	0.764*** (4.923)	0.777*** (4.983)
COMLANG	0.577*** (9.546)	0.589*** (9.825)	0.583*** (9.553)	0.588*** (9.656)	0.917*** (9.848)	0.937*** (10.176)	0.926*** (9.846)	0.938*** (9.982)
Other_RTA		0.249*** (4.389)		0.087* (1.788)		0.432*** (5.058)		0.187** (2.545)
_cons	26.665*** (152.841)	26.176*** (115.715)	26.838*** (155.282)	26.686*** (129.837)	26.143*** (102.565)	25.296*** (75.527)	26.378*** (104.134)	26.053*** (85.179)
进口国—年份固定效应	Yes	Yes	Yes	Yes	Yes	Yes	Yes	Yes
出口国—年份固定效应	Yes	Yes	Yes	Yes	Yes	Yes	Yes	Yes
国别配对固定效应	No	No	No	No	No	No	No	No
N	102 960	102 960	102 960	102 960	102 960	102 960	102 960	102 960
R^2	0.901	0.901	0.901	0.901	0.923	0.923	0.922	0.922

注：（ ）内为在出口国－进口国双边层面聚类稳健标准误下对应的 t 值，*、**、*** 分别表示在 10%、5%、1% 水平上显著，N 表示样本个数，R^2 表示拟合优度。

在模型二中，本研究进一步比较 $\ln EXP_{ij,t}$ 与 $\ln OUTRTA_{ij,t}$ 影响系数的差别，如表 6.4 第（2）列与第（6）列所示，签署 FTAs 使非 RTAs 伙伴国增加值（$OUTRTA_{ij,t}$）比重平均减少 1.98%（$e^{0.253-0.273}-1=0.0198$）；签署 FTAs 协定深度每增加 1%，则会使双边出口中非 RTAs 伙伴国贸易比重减少 4.21%（比较表 6.4 第（4）列与（8）列系数可得）。据此，可判断 FTAs 可能的确存在"价值链转移"的影响，会使非协定成员国的贸易增加值比重显著降低，且协定条款深度越深，此种"价值链转移"的影响越明显。

表 6.4　模型二 FTAs 的政策效应估计——结构引力方程

	lnEXP				lnOUTRTA			
	(1)	(2)	(3)	(4)	(5)	(6)	(7)	(8)
FTA	0.183*** (5.525)	0.273*** (6.764)			0.169*** (5.135)	0.253*** (6.222)		
lnFTAdepth			0.192 (1.570)	0.254** (2.000)			0.154 (1.258)	0.211* (1.654)
lnDIST	-1.031*** (-51.865)	-0.980*** (-39.201)	-1.048*** (-52.990)	-1.032*** (-44.739)	-1.036*** (-50.867)	-0.989*** (-37.900)	-1.053*** (-52.137)	-1.038*** (-43.419)
CONTIG	0.343*** (3.624)	0.365*** (3.827)	0.332*** (3.496)	0.338*** (3.543)	0.412*** (4.188)	0.433*** (4.356)	0.401*** (4.075)	0.406*** (4.108)
COMLANC	0.577*** (9.546)	0.589*** (9.825)	0.583*** (9.553)	0.588*** (9.656)	0.576*** (9.405)	0.587*** (9.645)	0.581*** (9.407)	0.586*** (9.479)
Other_RTA		0.249*** (4.389)		0.087* (1.788)		0.232*** (3.890)		0.080 (1.564)
_cons	26.665*** (152.841)	26.176*** (115.715)	26.838*** (155.282)	26.686*** (129.837)	24.255*** (135.737)	23.799*** (100.740)	24.423*** (138.445)	24.284*** (113.843)
进口国—年份固定效应	Yes	Yes	Yes	Yes	Yes	Yes	Yes	Yes
出口国—年份固定效应	Yes	Yes	Yes	Yes	Yes	Yes	Yes	Yes
国别配对固定效应	No	No	No	No	No	No	No	No
N	102 960	102 960	102 960	102 960	102 960	102 960	102 960	102 960
R^2	0.901	0.901	0.901	0.901	0.902	0.902	0.902	0.902

注：( ) 内为在出口国—进口国双边层面聚类稳健标准误下对应的 t 值，*、**、*** 分别表示在 10%、5%、1% 水平上显著，N 表示样本个数，R^2 表示拟合优度。

在已证明 FTAs 会存在某种程度的"价值链转移"效应的基础之上，本研究进一步考察既有 FTAs 是否已对中国参与价值链产生"挤出"效应，模型三的基准回归结果如表 6.5 所示，比较第（2）列与第（4）列 FTA 的回归系数可知，其他国家签署 FTAs 会使其双边出口中所包含的中国增加值小幅降低，其降幅约为 1.09%（$e^{0.275-0.286}-1=0.0109$），但其他国家间签署 FTAs 的协定深度没有通过显著性检验，无统计学意义，即其他国家间签署 FTAs 条款深度对中国参与价值链的转移影响尚不可知。

表6.5　模型三 FTAs 的政策效应估计——结构引力方程

	lnEXP				lnCHN			
	(1)	(2)	(3)	(4)	(5)	(6)	(7)	(8)
FTA	0.189 *** (5.578)	0.286 *** (6.928)			0.156 *** (4.616)	0.275 *** (6.558)		
lnFTAdepth			0.189 (1.514)	0.252 * (1.942)			0.056 (0.447)	0.162 (1.244)
lnDIST	-1.041 *** (-51.604)	-0.987 *** (-39.061)	-1.058 *** (-52.738)	-1.042 *** (-44.577)	-1.002 *** (-48.544)	-0.936 *** (-35.632)	-1.020 *** (-49.944)	-0.993 *** (-41.342)
CONTIG	0.362 *** (3.602)	0.395 *** (3.911)	0.345 *** (3.425)	0.354 *** (3.491)	0.339 *** (3.238)	0.380 *** (3.607)	0.323 *** (3.089)	0.338 *** (3.208)
COMLANG	0.607 *** (9.970)	0.617 *** (10.225)	0.613 *** (9.963)	0.618 *** (10.051)	0.634 *** (10.128)	0.646 *** (10.429)	0.638 *** (10.097)	0.646 *** (10.234)
Other_RTA		0.262 *** (4.585)		0.087 * (1.766)		0.323 *** (5.360)		0.147 *** (2.840)
_cons	26.642 *** (150.897)	26.125 *** (114.373)	26.820 *** (153.337)	26.668 *** (128.213)	21.513 *** (119.211)	20.875 *** (87.883)	21.694 *** (122.038)	21.438 *** (100.289)
进口国—年份固定效应	Yes	Yes	Yes	Yes	Yes	Yes	Yes	Yes
出口国—年份固定效应	Yes	Yes	Yes	Yes	Yes	Yes	Yes	Yes
国别配对固定效应	No	No	No	No	No	No	No	No
N	99 840	99 840	99 840	99 840	99 840	99 840	99 840	99 840
R^2	0.898	0.899	0.898	0.898	0.915	0.916	0.915	0.915

注：( ) 内为在出口国—进口国双边层面聚类稳健标准误下对应的 t 值，*、**、*** 分别表示在 10%、5%、1% 水平上显著，N 表示样本个数，R^2 表示拟合优度。

综上的估计结果表明：其一，自由贸易协定的签署使得协议国更多地使用了对方的原材料/中间产品，存在"价值链创造"效应，明显地促进了协议成员间的生产联系，缔约国之间的生产联系更加垂直分散化；其二，生产链条由 FTAs 区域外向区域内的转移现象存在，但并不是十分明显，一些估计结果的确表明，签署 FTAs 会使双边出口中所包含的非 RTAs 成员国增加值比重小幅降低，存在生产链从缔约国外向缔约国内转移的可能性；其三，签署一体化程度更高的自由贸易协定，的确会促进缔约国之间的生产更加分散化，但是对于区域外生产向区域内转移的影响仍不明显；其四，其他国家间签署 FTAs 对于中国参与价值链的"挤出"效应可能存在，但影响较小，且越是高标准的 FTAs，其"挤出"效应反而越小。

6.3 自由贸易协定内生性问题的处理

尽管引力方程能够较好地解释双边贸易的影响因素，但在上述方程中，本研究关注的影响因素 FTAs 均被看作外生变量。而在现实经济世界中，国家间达成 FTAs 往往是各国从国家利益出发，综合考量各方因素后，经过漫长而复杂的谈判才最终签署，显然不是外生的随机变量。

具体来看，一方面，FTAs 在 WTO 框架下被赋予了有条件的合法地位，被允许成员国在不提高对外部贸易壁垒的同时，促进成员间"实质上所有（Substantially All）"贸易取消关税和其他限制性贸易法规。在当前 WTO 成员多边关税已大幅减免的背景下，国家间 FTAs 签署的主要目的，则是消除成员国间不可观测/不可量化的非关税壁垒，如内部竞争政策、反垄断法规、企业管理、产品标准、劳工福利、环境保护、航运物流等。即国家间选择签署 FTAs 与影响其双边贸易的不可观测/不可量化的因素（$\varepsilon_{ij,t}$）密切相关，存在遗漏变量偏差（Omitted Variables Bias）。另一方面，贝尔与伯格斯特兰德（2004）等学者对影响 FTAs 签署可能性的因素研究表明，一国更倾向于与能够促进双边贸易的国家签署自由贸易协定（Chosen Well）。即影响双边贸易的诸多不可观测/不可量化的因素（$\varepsilon_{ij,t}$），也在同时影响着国家间决定是否签署自由贸易协定，存在选择偏差（Selection Bias）。遗漏变量偏差及选择偏差的存在，使引力方程中解释变量 FTA 与扰动项 $\varepsilon_{ij,t}$ 极大可能存在相关性，方程估计可能存在内生性问题，导致估计结果不一致（Baier and Bergstrand，2007）。

综上所述，在评价 FTA 签署的"事后"政策效应时，必须对 FTA 内生性进行处理，以得到一致估计量。一般情况下，解决 FTA 内生性问题的方法主要有：①面板数据（Panel Data）；②工具变量（Instrumental Variables）；③匹配估计（Matching Estimation）。

6.3.1 国别配对固定效应法

贝尔与伯格斯特兰德（2007）研究结果表明，在基于面板数据的引力方程中，通过引入国别配对固定效应（Country‐pair Fixed‐Effects）——μ_{ij}，可以有效解决 FTAs 的内生性问题，获得一致估计。但一致估计的获得基于假设条件——假设引起 FTA 政策效应估计内生性问题的不可观测因素是（短时间内）不随时间变动（time‐invariant）的，且这些不可观测的、不随时间变动的因素 μ_{ij} 极大地影响了国家间是否签署 FTA_{ij}。

此部分在结构引力方程中引入对称国别配对固定效应 μ_{ij}，基本方程如下：

$$\ln EXP_{ij,t} = \beta_0 + \beta_1 \ln FTA_{ij,t} + \beta_2 Other\_RTA_{ij,t} + \eta_{i,t} + \theta_{j,t} + \mu_{ij} + \varepsilon_{ij,t} \tag{6.5}$$

方程式（6.5）中左式被解释变量 $\ln EXP_{ij,t}$ 可替换为 $\ln MVA_{ij,t}$、$\ln OUTRTA_{ij,t}$ 及 $\ln CHN_{ij,t}$ 进而构成引入对称国别配对固定效应的结构引力方程估计方法下的模型一、模型二及模型三。

模型一的估计结果如表 6.6 所示，可见，在引入对称国别配对固定效应控制 FTAs 内生性问题后，对模型的显著性和系数符号无影响。但也表明若不控制贸易协定可能存在的内生性问题，FTAs 和协定深度的影响程度会被高估。比较第（2）列与第（6）列系数可知，FTAs 的签署会使成员间的贸易联系更加紧密，使用进口国原材料/中间产品进行生产的增加值占比增幅为 8.76%。另外，FTAs 深度每增加 1%，也会使双边价值链更加紧密，增幅为 13.09%。

表 6.6　模型一 FTAs 的政策效应估计——加入对称 μ_{ij} 的结构引力方程

	lnEXP				lnMVA			
	(1)	(2)	(3)	(4)	(5)	(6)	(7)	(8)
FTA	0.136 *** (5.556)	0.209 *** (7.379)			0.168 *** (5.777)	0.293 *** (9.042)		
lnFTAdepth			0.332 *** (4.029)	0.364 *** (4.432)			0.422 *** (4.491)	0.487 *** (5.229)
Other_RTA		0.296 *** (6.033)		0.155 *** (3.702)		0.509 *** (8.178)		0.310 *** (5.699)
_cons	17.959 *** (2296.231)	17.900 *** (1382.088)	17.973 *** (2602.879)	17.948 *** (1912.610)	10.552 *** (1399.126)	10.450 *** (717.011)	10.569 *** (1718.894)	10.519 *** (1040.427)
进口国—年份固定效应	Yes	Yes	Yes	Yes	Yes	Yes	Yes	Yes
出口国—年份固定效应	Yes	Yes	Yes	Yes	Yes	Yes	Yes	Yes
国别配对固定效应	Yes	Yes	Yes	Yes	Yes	Yes	Yes	Yes
N	102 960	102 960	102 960	102 960	102 960	102 960	102 960	102 960
R^2	0.944	0.944	0.944	0.944	0.973	0.973	0.973	0.973

注：() 内为在出口国—进口国双边层面聚类稳健标准误下对应的 t 值，*、**、*** 分别表示在 10%、5%、1% 水平上显著，N 表示样本个数，R^2 表示拟合优度。

模型二的估计结果如表 6.7 所示，在控制了国别配对固定效应后，发现 FTAs 和其深度会使非 RTAs 成员增加值占比增加而非减少，比较表 6.7 第（2）列与第（6）列可知，FTAs 使双边贸易中所包含的非 RTAs 成员增加值占比增加 1.31%，比较表 6.7 第（4）列与第（8）列可知，FTAs 深度每增加 1% 也会使非 RTAs 成员增加值占比增加 1.01%，即未能证实存在明显的"价值链转移"。

表 6.7　模型二 FTAs 的政策效应估计——加入对称 μ_{ij} 的结构引力方程

	lnEXP				lnOUTRTA			
	(1)	(2)	(3)	(4)	(5)	(6)	(7)	(8)
FTA	0.136 *** (5.556)	0.209 *** (7.379)			0.138 *** (5.573)	0.222 *** (7.814)		

续表

	lnEXP				lnOUTRTA			
	(1)	(2)	(3)	(4)	(5)	(6)	(7)	(8)
lnFTAdepth			0.332 *** (4.029)	0.364 *** (4.432)			0.335 *** (4.065)	0.374 *** (4.563)
Other_RTA		0.296 *** (6.033)		0.155 *** (3.702)		0.340 *** (6.827)		0.190 *** (4.419)
_cons	17.959 *** (2 296.231)	17.900 *** (1 382.088)	17.973 *** (2 602.879)	17.948 *** (1 912.610)	15.505 *** (1 971.452)	15.436 *** (1 190.569)	15.519 *** (2 244.737)	15.488 *** (1 641.422)
进口国—年份固定效应	Yes	Yes	Yes	Yes	Yes	Yes	Yes	Yes
出口国—年份固定效应	Yes	Yes	Yes	Yes	Yes	Yes	Yes	Yes
国别配对固定效应	Yes	Yes	Yes	Yes	Yes	Yes	Yes	Yes
N	102 960	102 960	102 960	102 960	102 960	102 960	102 960	102 960
R^2	0.944	0.944	0.944	0.944	0.944	0.944	0.944	0.944

注：( ) 内为在出口国—进口国双边层面聚类稳健标准误下对应的 t 值，*、**、*** 分别表示在10%、5%、1%水平上显著，N 表示样本个数，R^2 表示拟合优度。

模型三的估计结果如表6.8所示，在控制了国别配对固定效应后，则发现其他国家间签署FTAs对于中国参与价值链存在明显的"价值链挤出"效应，且随着FTAs协定深度的增加，这种影响变得更为明显。比较表6.8第（2）列与第（6）列可知，其他国家间签署FTAs会使其双边出口中含中国增加值的比重减少1.29%，比较表6.8第（4）列与第（8）列可知，其他国家间签署FTAs深度每增加1%，则会使得其双边出口中含中国增加值的比重减少3.73%。

表6.8　模型三 FTAs 的政策效应估计——加入对称 μ_{ij} 的结构引力方程

	lnEXP				lnCHN			
	(1)	(2)	(3)	(4)	(5)	(6)	(7)	(8)
FTA	0.134 *** (5.373)	0.216 *** (7.434)			0.116 *** (4.654)	0.203 *** (7.131)		

续表

	lnEXP				lnCHN			
	(1)	(2)	(3)	(4)	(5)	(6)	(7)	(8)
lnFTAdepth			0.327***	0.364***			0.282***	0.326***
			(3.886)	(4.343)			(3.437)	(3.985)
Other_RTA		0.323***		0.176***		0.345***		0.206***
		(6.603)		(4.233)		(6.874)		(4.718)
_cons	17.871***	17.804***	17.884***	17.855***	13.070***	12.998***	13.082***	13.048***
	(2 237.046)	(1 333.174)	(2 542.262)	(1 859.803)	(1 635.871)	(977.105)	(1 868.696)	(1 334.483)
进口国—年份固定效应	Yes	Yes	Yes	Yes	Yes	Yes	Yes	Yes
出口国—年份固定效应	Yes	Yes	Yes	Yes	Yes	Yes	Yes	Yes
国别配对固定效应	Yes	Yes	Yes	Yes	Yes	Yes	Yes	Yes
N	99 840	99 840	99 840	99 840	99 840	99 840	99 840	99 840
R^2	0.942	0.942	0.942	0.942	0.951	0.952	0.951	0.951

注：( ) 内为在出口国—进口国双边层面聚类稳健标准误下对应的 t 值，*、**、*** 分别表示在 10%、5%、1% 水平上显著，N 表示样本个数，R^2 表示拟合优度。

6.3.2 工具变量法

参考奥斯纳戈等（Osnago et al.，2019）的方法，此部分进一步尝试采用工具变量法处理 FTAs 条款深度的内生性问题，工具变量设定为出口国 i 与进口国 j 在 t 年与其他国家签署 FTAs 的总深度 $TotalFTAdepth_{ij,t}^{IV}$，具体如式（6.6）所示。

$$TotalFTAdepth_{ij,t}^{IV} = \sum_{s \neq j} FTAdepth_{is,t} + \sum_{s \neq i} FTAdepth_{sj,t} \quad (6.6)$$

一方面，i 国或 j 国与其他国家签署的 FTAs 数量越多，代表其可能为 FTAs 网络中的"轮轴国"，与其他国家达成 FTAs 的意愿越强，则 i 国与 j 国越可能签署 FTAs；另一方面，i 国或 j 国与其他国家签署的 FTAs 条款深度越复杂，代表其愿意签署更高标准的 FTAs，则 i 国与 j 国之间签署 FTAs

的条款深度则可能更高。这两个方面保证了 $TotalFTAdepth_{ij,t}^{IV}$ 与 $FTAdepth_{ij,t}$ 之间存在高度相关性①，同时 $TotalFTAdepth_{ij,t}^{IV}$ 与两国之间的贸易的相关性则较低。表6.9和表6.10报告了工具变量的回归结果，可见，Kleibergen - Paap rk LM 统计量和 Kleibergen - Paap rk Wald F 统计量表明，均不存在工具变量识别不足和工具变量弱识别问题，工具变量较为合理、有效。

比较表6.9第（2）列与第（4）、第（6）列的回归结果可知，双边FTAs深度每增加1%，则双边出口中的进口国增加值（MVA）的比重增加101.98%（$e^{1.871-1.168}-1=1.0198$），双边出口中含非RTAs成员的增加值比重减少1.78%（$e^{1.150-1.168}-1=-0.0178$）。即证明了FTAs条款深度的增加会对成员国之间产生"价值链创造"效应，使其更多地使用彼此的中间产品进行生产，同时也会对非RTAs国家产生一定的"价值链转移"效应，会使用更少的非RTAs国家生产的中间产品。

表6.9 模型一和模型二的FTAs政策效应估计——结构引力方程 + 其他协定总深度工具变量

	lnEXP		lnMVA		lnOUTRTA	
	（1）	（2）	（3）	（4）	（5）	（6）
lnFTAdepth	1.151*** (6.603)	1.168*** (6.660)	1.840*** (8.187)	1.871*** (8.307)	1.134*** (6.517)	1.150*** (6.577)
lnDIST	-1.015*** (-130.623)	-0.987*** (-95.659)	-1.819*** (-179.865)	-1.767*** (-131.663)	-1.019*** (-130.856)	-0.992*** (-95.675)
CONTIG	0.341*** (14.807)	0.352*** (15.156)	0.778*** (22.030)	0.798*** (22.441)	0.410*** (17.186)	0.421*** (17.491)
COMLANG	0.589*** (40.773)	0.599*** (41.235)	0.936*** (44.269)	0.954*** (44.957)	0.588*** (39.953)	0.597*** (40.339)
Other_RTA		0.175*** (8.203)		0.320*** (11.249)		0.170*** (7.836)
进口国—年份固定效应	Yes	Yes	Yes	Yes	Yes	Yes

① $lnFTAdepth_{ij,t}$ 与 $lnTotalFTAdepth_{ij,t}^{IV}$ 相关系数为0.45，且在1%水平上显著。

续表

	lnEXP		lnMVA		lnOUTRTA	
	（1）	（2）	（3）	（4）	（5）	（6）
出口国—年份固定效应	Yes	Yes	Yes	Yes	Yes	Yes
国别配对固定效应	No	No	No	No	No	No
N	102 960	102 960	102 960	102 960	102 960	102 960
R^2	0.432	0.433	0.595	0.596	0.433	0.433
Kleibergen – Paap rk LM 统计量	3 497.919	3 386.028	3 497.919	3 386.028	3 497.919	3 386.028
Kleibergen – Paap rk Wald F 统计量	4 331.050	4 536.163	4 331.050	4 536.163	4 331.050	4 536.163

注：（ ）内为在出口国—进口国双边层面聚类稳健标准误下对应的 t 值，*、**、*** 分别表示在 10%、5%、1% 水平上显著，N 表示样本个数，R^2 表示拟合优度。

模型三的工具变量回归结果如表 6.10 所示，比较第（2）列与第（4）列，可知除中国外其他国家间的 FTAs 条款深度并没有对中国产生明显的"价值链挤出"效应，双边出口中所包含的中国增加值并未减少，反而增加了 0.90%。

表 6.10　模型三的 FTAs 政策效应估计——结构引力方程 + 其他协定总深度工具变量

	lnEXP		lnCHN	
	（1）	（2）	（3）	（4）
lnFTAdepth	1.131 ***	1.149 ***	1.133 ***	1.158 ***
	(6.360)	(6.419)	(6.499)	(6.615)
lnDIST	-1.025 ***	-0.997 ***	-0.982 ***	-0.943 ***
	(-128.428)	(-93.855)	(-124.515)	(-89.846)
CONTIG	0.357 ***	0.373 ***	0.337 ***	0.359 ***
	(14.666)	(15.136)	(13.456)	(14.183)
COMLANG	0.620 ***	0.628 ***	0.646 ***	0.657 ***
	(42.376)	(42.760)	(43.423)	(44.065)

续表

	lnEXP		lnCHN	
	(1)	(2)	(3)	(4)
Other_RTA		0.175***		0.244***
		(7.954)		(11.060)
进口国—年份固定效应	Yes	Yes	Yes	Yes
出口国—年份固定效应	Yes	Yes	Yes	Yes
国别配对固定效应	No	No	No	No
N	99 840	99 840	99 840	99 840
R^2	0.433	0.433	0.417	0.419
Kleibergen–Paap rk LM 统计量	3 319.668	3 205.385	3 319.668	3 205.385
Kleibergen–Paap rk Wald F 统计量	4 112.688	4 301.624	4 112.688	4 301.624

注：( ) 内为在出口国—进口国双边层面聚类稳健标准误下对应的 t 值，*、**、*** 分别表示在 10%、5%、1% 水平上显著，N 表示样本个数，R^2 表示拟合优度。

综上所述，本节分别尝试采用了两种方法来解决 FTAs 存在的内生性问题，研究结果表明，采用面板数据，并在模型中加入对称国别配对固定效应是更为稳健的解决 FTAs 内生性问题的估计方法，下文中将仅汇报加入对称国别配对固定效应的估计结果。

6.4 稳健性检验

6.4.1 国内贸易流的处理

出于与理论模型一致性的角度（Dai et al., 2014；Heid et al., 2021），诸多研究指出在引力方程中引入国内贸易流（Intranational Trade Data）的重要性,因为消费者做出消费选择时,既可以选择消费国外进口产品,也可以选择消费国内产品。此外,在实证研究方面,其他学者也发现在引力方程中纳入国内贸易流,可以更好地纠正估计偏差(Yotov,2012;Bergstrand et al.,2015,Greaney and Kiyota,2020)。下文将借鉴拉尔赫等(Larch et al.,2018)和格里尼与木谷(Greaney and Kiyota,2020)的处理方法,基于国际投入产出表 OECD-ICIO,将国际投入产出表中一国总产出与出口总额的差额值定义为该国的"国内贸易",并将其纳入加入对称国别对称效应 μ_{ij} 的结构引力和 PPML 方程中,模型一和二的变量描述性统计如表 6.11 所示,模型三如表 6.12 所示。

表 6.11　模型一和模型二的主要变量描述性统计特征(含国内贸易流)

变量名	观测值	均值	标准差	最小值	最大值
lnEXP	104 544	18.09	3.17	3.53	30.29
lnMVA	104 544	10.80	4.77	0.00	30.29
lnOUTRTA	104 544	15.67	3.31	1.13	30.29
FTA	104 544	0.20	0.40	0.00	1.00
Other_RTA	104 544	0.16	0.36	0.00	1.00
lnFTAdepth	104 544	0.04	0.11	0.00	0.69

表 6.12　模型三的主要变量描述性统计特征(含国内贸易流)

变量名	观测值	均值	标准差	最小值	最大值
lnEXP	101 400	18.00	3.14	3.53	29.29
lnCHN	101 400	13.27	3.59	0.18	29.29
FTA	101 400	0.21	0.40	0.00	1.00
Other_RTA	101 400	0.16	0.37	0.00	1.00
lnFTAdepth	101 400	0.04	0.11	0.00	0.69

模型一的实证回归结果如表 6.13 所示,在加入控制变量 Other_RTA 的模型中,签署 FTAs 会使得双边出口增加 23.86%(如第(2)列所示),其中含进口国增加值提升 34.72%(如第(6)列所示),即双边出口中含进口国增加值占比增加 8.76%,佐证了 FTAs 存在区域内"价值链创造"

效应,将使成员国更多地使用FTAs区域内国家的原材料/中间产品进行生产。此外,比较第(4)列与第(8)列lnFTAdepth系数可知,FTAs的条款深度每提升1%,也会使"价值链创造"效应增加13.43%。

表6.13 模型一 FTAs的政策效应估计——加入对称μ_{ij}结构引力方程

	lnEXP				lnMVA			
	(1)	(2)	(3)	(4)	(5)	(6)	(7)	(8)
FTA	0.144*** (5.973)	0.214*** (7.714)			0.178*** (6.149)	0.298*** (9.300)		
lnFTAdepth			0.346*** (4.273)	0.373*** (4.623)			0.443*** (4.774)	0.499*** (5.432)
INTL_BRDR_2010	-0.326*** (-4.797)	-0.336*** (-4.893)	-0.312*** (-4.514)	-0.315*** (-4.507)	-0.512*** (-4.981)	-0.530*** (-5.064)	-0.495*** (-4.744)	-0.501*** (-4.719)
INTL_BRDR_2018	-0.502*** (-4.651)	-0.510*** (-4.680)	-0.483*** (-4.391)	-0.486*** (-4.369)	-0.747*** (-4.851)	-0.761*** (-4.878)	-0.723*** (-4.634)	-0.729*** (-4.603)
Other_RTA		0.281*** (5.827)		0.136*** (3.276)		0.483*** (7.821)		0.281*** (5.150)
_cons	18.064*** (2 308.372)	18.006*** (1 387.504)	18.080*** (2 637.713)	18.057*** (1 917.115)	10.771*** (1 395.569)	10.670*** (722.331)	10.789*** (1 741.633)	10.743*** (1 040.274)
进口国—年份固定效应	Yes	Yes	Yes	Yes	Yes	Yes	Yes	Yes
出口国—年份固定效应	Yes	Yes	Yes	Yes	Yes	Yes	Yes	Yes
国别配对固定效应	Yes	Yes	Yes	Yes	Yes	Yes	Yes	Yes
N	104 544	104 544	104 544	104 544	104 544	104 544	104 544	104 544
R^2	0.947	0.947	0.947	0.947	0.976	0.976	0.976	0.976

注:()内为在出口国—进口国双边层面聚类稳健标准误下对应的t值,*、**、***分别表示在10%、5%、1%水平上显著,N表示样本个数,R^2表示拟合优度。

模型二的实证回归结果如表6.14所示,此模型没有证明存在明显地向FTAs区域内"价值链转移"的现象,签署FTAs使得其双边出口中含非 RTAs 成员国增加值占比增加 1.92%；FTAs 条款深度每增加 1%，进一步会使得该比重提升 1.51%。

表 6.14　模型二 FTAs 的政策效应估计——加入对称 μ_{ij} 结构引力方程

	lnEXP				lnOUTRTA			
	(1)	(2)	(3)	(4)	(5)	(6)	(7)	(8)
FTA	0.144 *** (5.973)	0.214 *** (7.714)			0.150 *** (6.076)	0.233 *** (8.279)		
lnFTAdepth			0.346 *** (4.273)	0.373 *** (4.623)			0.353 *** (4.360)	0.388 *** (4.806)
INTL_BRDR_2010	-0.326 *** (-4.797)	-0.336 *** (-4.893)	-0.312 *** (-4.514)	-0.315 *** (-4.507)	-0.475 *** (-5.817)	-0.487 *** (-5.966)	-0.461 *** (-5.536)	-0.465 *** (-5.539)
INTL_BRDR_2018	-0.502 *** (-4.651)	-0.510 *** (-4.680)	-0.483 *** (-4.391)	-0.486 *** (-4.369)	-0.650 *** (-5.000)	-0.660 *** (-5.060)	-0.631 *** (-4.757)	-0.634 *** (-4.742)
Other_RTA		0.281 *** (5.827)		0.136 *** (3.276)		0.331 *** (6.645)		0.172 *** (3.977)
_cons	18.064 *** (2 308.372)	18.006 *** (1 387.504)	18.080 *** (2 637.713)	18.057 *** (1 917.115)	15.648 *** (1 968.602)	15.579 *** (1 189.700)	15.664 *** (2 273.593)	15.635 *** (1 639.318)
进口国一年份固定效应	Yes	Yes	Yes	Yes	Yes	Yes	Yes	Yes
出口国一年份固定效应	Yes	Yes	Yes	Yes	Yes	Yes	Yes	Yes
国别配对固定效应	Yes	Yes	Yes	Yes	Yes	Yes	Yes	Yes
N	104 544	104 544	104 544	104 544	104 544	104 544	104 544	104 544
R^2	0.947	0.947	0.947	0.947	0.950	0.950	0.950	0.950

注：() 内为在出口国—进口国双边层面聚类稳健标准误下对应的 t 值，*、**、*** 分别表示在 10%、5%、1% 水平上显著，N 表示样本个数，R^2 表示拟合优度。

模型三的实证回归结果如表 6.15 所示，证实对于中国而言，其他国家间签署 FTAs 会使得其双边出口中包含更少的中国增加值，占比降低 0.90%；FTAs 深度每增加 1%，也将使该占比减少 2.47%，即证明其他国家间签署 FTAs，尤其是高标准 FTAs，对中国存在"价值链挤出"的风险。

表 6.15 模型三 FTAs 的政策效应估计——加入对称 μ_{ij} 结构引力方程

	lnEXP				lnCHN			
	(1)	(2)	(3)	(4)	(5)	(6)	(7)	(8)
FTA	0.144*** (5.864)	0.223*** (7.857)			0.130*** (5.217)	0.214*** (7.563)		
lnFTAdepth			0.342*** (4.137)	0.374*** (4.537)			0.312*** (3.842)	0.349*** (4.309)
INTL_BRDR_ 2010	-0.303*** (-4.686)	-0.314*** (-4.799)	-0.291*** (-4.378)	-0.295*** (-4.366)	-1.386*** (-14.756)	-1.397*** (-14.715)	-1.375*** (-14.346)	-1.379*** (-14.191)
INTL_BRDR_ 2018	-0.474*** (-4.457)	-0.483*** (-4.487)	-0.457*** (-4.194)	-0.461*** (-4.167)	-2.152*** (-16.309)	-2.161*** (-16.217)	-2.137*** (-15.948)	-2.141*** (-15.779)
Other_RTA		0.310*** (6.411)		0.156*** (3.773)		0.327*** (6.520)		0.180*** (4.083)
_cons	17.977*** (2253.242)	17.911*** (1341.472)	17.992*** (2578.270)	17.966*** (1862.492)	13.263*** (1646.174)	13.193*** (983.789)	13.277*** (1899.331)	13.247*** (1333.546)
进口国—年 份固定效应	Yes	Yes	Yes	Yes	Yes	Yes	Yes	Yes
出口国—年 份固定效应	Yes	Yes	Yes	Yes	Yes	Yes	Yes	Yes
国别配对 固定效应	Yes	Yes	Yes	Yes	Yes	Yes	Yes	Yes
N	101 400	101 400	101 400	101 400	101 400	101 400	101 400	101 400
R^2	0.946	0.946	0.946	0.946	0.959	0.959	0.959	0.959

注：( ) 内为在出口国—进口国双边层面聚类稳健标准误下对应的 t 值，*、**、*** 分别表示在 10%、5%、1% 水平上显著，N 表示样本个数，R^2 表示拟合优度。

6.4.2 间隔年数据的估计

奥利弗与约托夫（Oliver and Yotov, 2012）构建了动态引力模型，并分别研究了基于 3 年、4 年及 5 年的间隔年面板下，自由贸易协定对于双边贸易的影响。其研究表明，使用间隔年时仍能保持估计的一致性和有效性，并且在 3 年和 5 年的间隔年下，自由贸易协定的影响十分稳定，但在使用连续的时间序列下，得到的估计结果反而有悖常理。此外，也有诸多学者建议引力模型的估计可以基于间隔年展开，如特雷夫勒（Trefler, 2003）的研究基于 3 年的间隔年，安德森与约托夫（2004）的研究基于 4 年的间隔年，贝尔和伯格斯兰德（2007）的研究基于 5 年的间隔年。此部分汇报基于 3 年间隔年的回归结果，以考察模型的稳健性。

考虑了 FTAs 内生性问题的结构引力方程——模型一的实证回归结果如表 6.16 所示，在 3 年间隔年数据下，签署 FTAs 会使双边出口增加 13.31%（如第（2）列所示），其中含进口国增加值增加 22.88%（如第（6）列所示），即 MVA 占比提升 8.76%，表明签署 FTAs 存在"价值链创造"效应；同时，签署 FTAs 条款复杂度每提升 1%，会使双边出口中进口国增加值（MVA）占比提升 13.43%，即 FTAs 条款复杂度亦存在"价值链创造"效应。

对 FTAs"价值链转移"效应的考察如表 6.17 所示，可见，在 3 年间隔年数据下，更证实 FTAs 不存在普遍且明显的"价值链转移"效应，比较第（2）列与第（6）列结果可知，i 国与 j 国签署 FTAs 会使其双边出口中所含非 i 国 RTAs 伙伴成员的增加值占比增加 2.84%，且 FTAs 条款复杂度每提升 1%，也会使得其双边出口中非 RTAs 伙伴成员增加值占比提升 3.15%。

模型三的回归结果如表 6.18 所示，结果表明，对于中国而言，其他国家间签署 FTAs 也不会使其双边出口中包含更少的中国增加值（占比无变化），但 FTAs 条款深度增加 1% 会使其双边出口中包含更少的中国增加值，占比降低 1.09%。这表明对于中国而言，随着其他国家 FTAs 条款复杂度的提升，其对中国参与价值链所产生的"挤出"效应可能会随之增加。

第6章 自由贸易协定对全球价值链重构影响的实证分析

表 6.16 模型一：FTAs 的政策效应估计——加入对称 μ_{ij} 结构引力方程

	lnEXP				lnMVA			
	(1)	(2)	(3)	(4)	(5)	(6)	(7)	(8)
FTA	0.078*** (2.670)	0.125*** (3.846)			0.102*** (2.961)	0.206*** (5.569)		
lnFTAdepth			0.176* (1.835)	0.203** (2.122)			0.236** (2.173)	0.304*** (2.841)
Other_RTA		0.198*** (3.732)		0.122** (2.573)		0.441*** (6.624)		0.314*** (5.184)
_cons	17.982*** (2 063.260)	17.942*** (1 274.562)	17.990*** (2 349.658)	17.970*** (1 698.462)	10.587*** (1 228.715)	10.497*** (663.127)	10.598*** (1 513.596)	10.545*** (919.274)
进口国—年份固定效应	Yes	Yes	Yes	Yes	Yes	Yes	Yes	Yes
出口国—年份固定效应	Yes	Yes	Yes	Yes	Yes	Yes	Yes	Yes
国别配对固定效应	Yes	Yes	Yes	Yes	Yes	Yes	Yes	Yes
N	25 740	25 740	25 740	25 740	25 740	25 740	25 740	25 740
R^2	0.945	0.945	0.945	0.945	0.974	0.974	0.974	0.974

注：( ) 内为在出口国—进口国双边层面聚类稳健标准误下对应的 t 值，*、**、*** 分别表示在 10%、5%、1% 水平上显著，N 表示样本个数，R^2 表示拟合优度。

表 6.17 模型二：FTAs 的政策效应估计——加入对称 μ_{ij} 结构引力方程

	lnEXP				lnOUTRTA			
	(1)	(2)	(3)	(4)	(5)	(6)	(7)	(8)
FTA	0.078*** (2.670)	0.125*** (3.846)			0.093*** (3.080)	0.153*** (4.632)		
lnFTAdepth			0.176* (1.835)	0.203** (2.122)			0.199** (2.034)	0.234** (2.411)
Other_RTA		0.198*** (3.732)		0.122** (2.573)		0.256*** (4.677)		0.162*** (3.287)

续表

	lnEXP				lnOUTRTA			
	(1)	(2)	(3)	(4)	(5)	(6)	(7)	(8)
_cons	17.982***	17.942***	17.990***	17.970***	15.528***	15.476***	15.538***	15.511***
	(2 063.260)	(1 274.562)	(2 349.658)	(1 698.462)	(1 763.321)	(1 087.209)	(2 012.496)	(1 441.268)
进口国—年份固定效应	Yes	Yes	Yes	Yes	Yes	Yes	Yes	Yes
出口国—年份固定效应	Yes	Yes	Yes	Yes	Yes	Yes	Yes	Yes
国别配对固定效应	Yes	Yes	Yes	Yes	Yes	Yes	Yes	Yes
N	25 740	25 740	25 740	25 740	25 740	25 740	25 740	25 740
R^2	0.945	0.945	0.945	0.945	0.945	0.945	0.945	0.945

注：( ) 内为在出口国—进口国双边层面聚类稳健标准误下对应的 t 值，*、**、*** 分别表示在 10%、5%、1% 水平上显著，N 表示样本个数，R^2 表示拟合优度。

表 6.18　　模型三：FTAs 的政策效应估计——加入对称 μ_{ij} 结构引力方程

	lnEXP				lnCHN			
	(1)	(2)	(3)	(4)	(5)	(6)	(7)	(8)
FTA	0.077***	0.130***			0.071**	0.130***		
	(2.591)	(3.919)			(2.372)	(3.938)		
lnFTAdepth			0.176*	0.207**			0.160*	0.196**
			(1.793)	(2.117)			(1.657)	(2.041)
Other_RTA		0.218***		0.137***		0.242***		0.161***
		(4.055)		(2.871)		(4.353)		(3.214)
_cons	17.892***	17.846***	17.900***	17.876***	13.129***	13.078***	13.136***	13.109***
	(2 005.004)	(1 221.667)	(2 287.972)	(1 638.475)	(1 467.369)	(889.882)	(1 680.826)	(1 174.247)
进口国—年份固定效应	Yes	Yes	Yes	Yes	Yes	Yes	Yes	Yes

续表

	lnEXP				lnCHN			
	(1)	(2)	(3)	(4)	(5)	(6)	(7)	(8)
出口国—年份固定效应	Yes	Yes	Yes	Yes	Yes	Yes	Yes	Yes
国别配对固定效应	Yes	Yes	Yes	Yes	Yes	Yes	Yes	Yes
N	24 960	24 960	24 960	24 960	24 960	24 960	24 960	24 960
R^2	0.944	0.944	0.944	0.944	0.952	0.952	0.952	0.952

注：( ) 内为在出口国—进口国双边层面聚类稳健标准误下对应的 t 值，*、**、*** 分别表示在 10%、5%、1% 水平上显著，N 表示样本个数，R^2 表示拟合优度。

6.4.3 政策滞后效应的估计

考虑到贸易协定的政策实施通常存在时滞性，本研究进一步在上述模型中加入贸易协定的 5 年、10 年及 15 年期滞后变量，综合考察贸易协定的累积政策效应，并引入国别配对固定效应（μ_{ij}）控制贸易协定的内生性问题，分别汇报控制国别配对固定效应（μ_{ij}）的结构引力方程和 PPML 引力方程的估计结果。

模型一的估计结果如表 6.19 所示，FTAs 及其条款深度变量 5 年及 10 年滞后变量的估计结果均显著，且与前文的实证结果基本一致，即 FTA 及其条款深度（lnFTAdepth）均存在"价值链创造"效应。FTAs 生效的第 1 年、5 年及 10 年对双边出口中含进口国增加值占比的影响分别为 6.61%、8.22% 和 2.02%；FTAs 条款深度每增加 1%，则在第 1 年、5 年及 10 年对双边出口中含进口国增加值占比的影响分别为 6.82%、25.23% 及 23.61%。可见，FTAs 条款深度对区域内价值链的"创造"效应更可能在 FTAs 生效后的中后期才逐渐增加。

模型二的估计结果如表 6.20 所示，FTAs 及其条款深度变量 5 年及 10 年滞后变量的估计结果均显著，但 15 年的滞后变量不显著，无统计学意义。FTAs生效的第1年、5年及10年对双边出口中含非RTAs国家增加值占比的影响分别为1.21%、0.30%和-0.80%；FTAs条款深度每增加1%，则在第1年、5年及10年对双边出口中含非RTAs国家增加值占比的影响分别1.71%、-0.50%及-3.25%。这表明，一方面，FTAs对区域外国家的"价值链转移"效应可能在FTAs生效后的中后期才逐渐显现；另一方面，FTAs条款越复杂，则其对区域外国家的"价值链转移"在FTAs生效后的中后期也会更加明显。

模型三的估计结果如表6.21所示，FTAs及其条款深度变量5年及10年滞后变量的估计结果均显著，但15年滞后变量不显著，无统计学意义。除中国外，其他国家间FTAs生效的第1年、5年及10年对双边出口中含中国增加值占比的影响分别为-0.90%、-2.37%和-2.47%；FTAs条款深度每增加1%，则在第1年、5年及10年对双边出口中含中国增加值占比的影响分别-2.08%、-6.95%及-12.80%。这表明，其他国家间签署FTAs对于我国参与价值链的确存在"价值链挤出"效应，且协定签署时间越长、协定条款越复杂，这种"价值链挤出"效应越明显，即同样是会在中长期存在更深远的影响。

表6.19 模型一 FTAs的政策滞后效应估计——加入对称μ_{ij}的结构引力方程

	lnEXP				lnMVA			
	(1)	(2)	(3)	(4)	(5)	(6)	(7)	(8)
FTA	0.116 *** (5.097)	0.176 *** (6.823)			0.137 *** (5.121)	0.240 *** (8.193)		
FTA_lag5	0.078 *** (3.766)	0.122 *** (5.210)			0.132 *** (5.587)	0.201 *** (7.595)		
FTA_lag10	0.060 *** (3.447)	0.065 *** (3.158)			0.078 *** (3.756)	0.085 *** (3.370)		
FTA_lag15	0.033 (1.285)	0.013 (0.453)			0.082 *** (2.686)	0.042 (1.227)		

续表

	lnEXP				lnMVA			
	(1)	(2)	(3)	(4)	(5)	(6)	(7)	(8)
lnFTAdepth			0.173 ** (2.183)	0.240 *** (3.036)			0.188 ** (2.085)	0.306 *** (3.441)
lnFTAdepth_lag5			0.447 *** (5.523)	0.459 *** (5.654)			0.662 *** (7.020)	0.684 *** (7.228)
lnFTAdepth_lag10			0.355 *** (3.698)	0.419 *** (4.277)			0.530 *** (4.673)	0.631 *** (5.434)
lnFTAdepth_lag15			0.411 * (1.693)	0.357 (1.482)			0.706 *** (2.685)	0.608 ** (2.338)
Other_RTA		0.233 *** (5.123)		0.148 *** (3.761)		0.408 *** (7.198)		0.298 *** (6.021)
Other_RTA_lag5		0.203 *** (6.600)		0.140 *** (5.528)		0.313 *** (8.587)		0.212 *** (7.026)
Other_RTA_lag10		0.052 ** (2.116)		0.030 (1.412)		0.100 *** (3.204)		0.073 *** (2.711)
Other_RTA_lag15		0.168 *** (4.520)		0.191 *** (5.597)		0.246 *** (5.250)		0.272 *** (6.367)
_cons	17.945 *** (1 917.171)	17.859 *** (1 174.457)	17.962 *** (2 433.361)	17.911 *** (1 629.938)	10.528 *** (1 113.326)	10.385 *** (621.215)	10.552 *** (1 555.427)	10.461 *** (891.130)
进口国—年份固定效应	Yes	Yes	Yes	Yes	Yes	Yes	Yes	Yes
出口国—年份固定效应	Yes	Yes	Yes	Yes	Yes	Yes	Yes	Yes
国别配对固定效应	Yes	Yes	Yes	Yes	Yes	Yes	Yes	Yes
N	102 960	102 960	102 960	102 960	102 960	102 960	102 960	102 960
R^2	0.944	0.944	0.944	0.944	0.973	0.973	0.973	0.973

注：( ) 内为在出口国—进口国双边层面聚类稳健标准误下对应的 t 值，*、**、*** 分别表示在10%、5%、1%水平上显著，N 表示样本个数，R^2 表示拟合优度。

表 6.20　　模型二 FTAs 的政策滞后效应估计——加入对称 μ_{ij} 的结构引力方程

	lnEXP				lnOUTRTA			
	(1)	(2)	(3)	(4)	(5)	(6)	(7)	(8)
FTA	0.116*** (5.097)	0.176*** (6.823)			0.116*** (4.994)	0.188*** (7.256)		
FTA_lag5	0.078*** (3.766)	0.122*** (5.210)			0.080*** (3.787)	0.125*** (5.256)		
FTA_lag10	0.060*** (3.447)	0.065*** (3.158)			0.057*** (3.149)	0.057*** (2.700)		
FTA_lag15	0.033 (1.285)	0.013 (0.453)			0.014 (0.523)	-0.009 (-0.320)		
lnFTAdepth			0.173** (2.183)	0.240*** (3.036)			0.181** (2.273)	0.257*** (3.257)
lnFTAdepth_lag5			0.447*** (5.523)	0.459*** (5.654)			0.442*** (5.316)	0.454*** (5.443)
lnFTAdepth_lag10			0.355*** (3.698)	0.419*** (4.277)			0.318*** (3.315)	0.386*** (3.948)
lnFTAdepth_lag15			0.411* (1.693)	0.357 (1.482)			0.448* (1.868)	0.390 (1.635)
Other_RTA		0.233*** (5.123)		0.148*** (3.761)		0.287*** (6.228)		0.189*** (4.699)
Other_RTA_lag5		0.203*** (6.600)		0.140*** (5.528)		0.208*** (6.556)		0.138*** (5.248)
Other_RTA_lag10		0.052** (2.116)		0.030 (1.412)		0.052** (2.061)		0.032 (1.466)
Other_RTA_lag15		0.168*** (4.520)		0.191*** (5.597)		0.181*** (4.579)		0.212*** (5.849)
_cons	17.945*** (1 917.171)	17.859*** (1 174.457)	17.962*** (2 433.361)	17.911*** (1 629.938)	15.492*** (1 646.495)	15.394*** (1 015.219)	15.508*** (2 098.672)	15.449*** (1 407.707)
进口国一年份固定效应	Yes	Yes	Yes	Yes	Yes	Yes	Yes	Yes

续表

	lnEXP				lnOUTRTA			
	(1)	(2)	(3)	(4)	(5)	(6)	(7)	(8)
出口国—年份固定效应	Yes	Yes	Yes	Yes	Yes	Yes	Yes	Yes
国别配对固定效应	Yes	Yes	Yes	Yes	Yes	Yes	Yes	Yes
N	102 960	102 960	102 960	102 960	102 960	102 960	102 960	102 960
R^2	0.944	0.944	0.944	0.944	0.944	0.944	0.944	0.944

注:( )内为在出口国—进口国双边层面聚类稳健标准误下对应的 t 值,*、**、*** 分别表示在 10%、5%、1% 水平上显著,N 表示样本个数,R^2 表示拟合优度。

表 6.21 模型三 FTAs 的政策滞后效应估计——加入对称 μ_{ij} 的结构引力方程

	lnEXP				lnCHN			
	(1)	(2)	(3)	(4)	(5)	(6)	(7)	(8)
FTA	0.117 *** (4.984)	0.184 *** (6.940)			0.099 *** (4.204)	0.175 *** (6.709)		
FTA_lag5	0.074 *** (3.551)	0.128 *** (5.311)			0.061 *** (2.974)	0.104 *** (4.474)		
FTA_lag10	0.060 *** (3.399)	0.066 *** (3.139)			0.052 *** (2.833)	0.041 * (1.952)		
FTA_lag15	0.033 (1.299)	0.005 (0.198)			0.001 (0.044)	−0.031 (−1.085)		
lnFTAdepth			0.178 ** (2.162)	0.255 *** (3.113)			0.160 ** (2.008)	0.234 *** (2.950)
lnFTAdepth_lag5			0.421 *** (5.366)	0.441 *** (5.559)			0.353 *** (4.504)	0.369 *** (4.664)
lnFTAdepth_lag10			0.343 *** (3.480)	0.412 *** (4.104)			0.223 ** (2.218)	0.275 *** (2.697)
lnFTAdepth_lag15			0.445 * (1.838)	0.377 (1.567)			0.291 (1.276)	0.230 (1.016)

续表

	lnEXP				lnCHN			
	(1)	(2)	(3)	(4)	(5)	(6)	(7)	(8)
Other_RTA		0.251 *** (5.412)		0.159 *** (3.975)		0.295 *** (6.210)		0.195 *** (4.667)
Other_RTA_lag5		0.229 *** (7.661)		0.158 *** (6.451)		0.189 *** (6.321)		0.124 *** (5.003)
Other_RTA_lag10		0.057 ** (2.209)		0.032 (1.443)		0.028 (1.060)		0.011 (0.484)
Other_RTA_lag15		0.151 *** (4.536)		0.177 *** (5.685)		0.117 *** (3.348)		0.152 *** (4.633)
_cons	17.856 *** (1 859.288)	17.760 *** (1 110.889)	17.873 *** (2 379.461)	17.817 *** (1 564.113)	13.060 *** (1 370.589)	12.966 *** (822.507)	13.074 *** (1 753.100)	13.019 *** (1 144.370)
进口国—年份固定效应	Yes	Yes	Yes	Yes	Yes	Yes	Yes	Yes
出口国—年份固定效应	Yes	Yes	Yes	Yes	Yes	Yes	Yes	Yes
国别配对固定效应	Yes	Yes	Yes	Yes	Yes	Yes	Yes	Yes
N	99 840	99 840	99 840	99 840	99 840	99 840	99 840	99 840
R^2	0.942	0.942	0.942	0.942	0.951	0.952	0.951	0.952

注：( ) 内为在出口国—进口国双边层面聚类稳健标准误下对应的 t 值，*、**、*** 分别表示在 10%、5%、1% 水平上显著，N 表示样本个数，R^2 表示拟合优度。

6.4.4 政策预期效应的估计

上述关于贸易协定政策时滞效应的实证研究不仅验证了模型的稳健性，也发现自由贸易协定，尤其是 FTAs 条款复杂度对于价值链创造、价值链转移以及中国的价值链挤出效应均存在普遍的时滞效应，均随着时间的推移，在 5—10 年内逐步显现，这也与 FTAs 自身的政策属性相一致。同时值得注意的是，FTAs 的谈判通常也会持续一段时间。以中国为例，

RCEP 的谈判时间持续最久，历时 8 年，而较短的则会在 1 年内完成谈判工作。例如，中国—塞尔维亚自由贸易协定谈判于 2023 年 4 月正式启动，5 个月就实质性完成全部谈判，于 10 月 17 日正式签署，2024 年 7 月 1 日正式生效。FTAs 谈判时间各异，在 FTAs 谈判期间，尽管尚未有实质性的关税减让安排，但谈判进程中也可能会对企业对外投资和生产链布局产生预期性影响。基于此，此部分进一步在考虑了 5 年、10 年及 15 年期滞后效应模型的基础之上，加入 3 年、6 年及 9 年的 FTAs 预期变量，考察 FTAs 的预期效应及滞后效应的稳健性。

考虑了 FTAs 内生性问题的结构引力方程——模型一的实证回归结果如表 6.22 所示，FTAs 及其条款深度变量（FTAdepth）的政策生效前第 6 年和第 3 年、政策生效时、生效后第 5 年和第 10 年变量的估计结果均显著，且与预期基本相符，9 年的 FTAs 及条款深度的预期变量估计结果与预期不符，对于双边出口的促进作用显著为负，表明 FTAs 的政策预期效应为 3—6 年。从估计系数看，在加入 Other_RTA 等一系列控制变量后，比较第（2）列与第（6）列可知，FTAs 生效前第 6 年和第 3 年、生效时、生效后第 5 年和第 10 年对双边出口中含进口国增加值（MVA）占比的影响分别为 2.43%、4.19%、4.92%、8.98% 和 3.15%；比较第（4）列与第（8）列可知，FTAs 条款深度每增加 1%，对 MVA 占比影响分别为 4.29%、10.41%、2.53%、27.76% 和 24.86%。可见，FTAs 及其条款深度对区域内价值链的"创造"效应存在政策预期效应，且在 FTAs 生效前 3 年的预期效应更加明显，且再次证明，FTAs 及其条款深度对区域内价值链的"创造"在 FTAs 生效后的 5—10 年会逐渐增加。

模型二对 FTAs 价值链转移效应的考察如表 6.23 所示，比较第（2）列与第（6）列可知，FTAs 生效前第 6 年和第 3 年、生效时、生效后第 5 年和第 10 年对双边出口中含非出口国 RTAs 伙伴国增加值（OUTRTA）占比的影响分别为 0.20%、1.11%、0.80%、0.40% 和 -0.50%；FTAs 条款深度每增加 1%，对 OUTRTA 占比影响分别为 0.80%、3.36%、0.80%、0.70%、-2.08%，这表明，其一，在 FTAs 生效前，对价值链

"转移"的政策预期效应存在明显的"反向转移",FTAs 及其条款复杂度在 FTAs 生效前 3 年对双边出口中含非 RTAs 伙伴的增加值占比的正面促进作用均为最高,分别为 1.11% 和 3.36%,在此之后才逐年递减,直至 FTAs 生效后 10 年变为负值,这可能是由于出口国(i 国)在谈判新的 FTAs 时,会释放出营商环境改善、贸易机会扩大的市场信号,进而使 i 国非 RTAs 伙伴的国家更多地在 i 国投资布局,产生价值链"反向转移"的政策效应;其二,实证结果再次验证了,在 FTAs 生效后 10 年左右,其对区域外国家的"价值链转移"效应仍会逐渐显现,FTAs 生效后 10 年对 i 国出口中含非 i 国 RTAs 伙伴的增加值占比的政策效应均为负,分别为 −0.50% 和 −2.08%,即存在"价值链转移",且条款愈复杂,"价值链转移"愈明显。

模型三的估计结果如表 6.24 所示,除中国外,其他国家间 FTAs 生效前第 6 年和第 3 年、生效时、生效后第 5 年和第 10 年对双边出口中含中国增加值(CHN)占比的影响分别为 −0.30%、0.20%、−1.00%、−2.37% 和 −2.37%;FTAs 条款深度每增加 1%,对 CHN 占比影响分别为 −2.96%、−0.50%、−2.86%、−7.96% 和 −14.10%。可见,实证结果表明,其他国家间 FTAs 生效对中国"价值链挤出"影响与模型二下 FTAs 生效对"价值链转移"影响基本一致:一方面,在其他国家间 FTAs 生效前,尤其是生效前 3 年左右,预期影响为正(0.20%),即不存在对中国的"价值链挤出";另一方面,在其他国家间 FTAs 生效后,伴随着优惠关税税率和其他贸易政策的落实,对于我国参与价值链的确存在"价值链挤出"效应,且协定签署时间越长、协定条款越复杂,这种"价值链挤出"效应愈明显,在其他国家间 FTAs 生效 10 年后,其双边出口中含中国增加值的比重变化为 −2.37%,且 FTAs 条款深度每增加 1%,比重变化为 −14.10%,表明在长期,对中国的"价值链挤出"效应十分明显。

此部分不仅验证了 FTAs 政策滞后效应的稳健性,滞后项的政策效应结论与 6.5.3 小节基本一致,在 FTAs 政策预期性的考察方面,得到的一般性结论是:在 FTAs 生效前,尤其是在生效前 3 年左右,FTAs 及其条款复杂度存在明显的预期"价值链创造"效应，但不存在预期"价值链转移"效应，反而是存在预期"反向价值链转移"效应，对中国而言也是如此。

表 6.22　模型一 FTAs 的政策预期和滞后效应估计——加入对称 μ_{ij} 的结构引力方程

	lnEXP				lnMVA			
	(1)	(2)	(3)	(4)	(5)	(6)	(7)	(8)
FTA_lead9	-0.076*** (-3.222)	-0.081*** (-3.053)			-0.087*** (-3.371)	-0.080*** (-2.824)		
FTA_lead6	0.058*** (3.300)	0.051*** (2.659)			0.080*** (4.221)	0.075*** (3.637)		
FTA_lead3	0.047*** (3.014)	0.077*** (4.482)			0.070*** (3.926)	0.118*** (6.018)		
FTA	0.076*** (3.643)	0.125*** (5.259)			0.084*** (3.485)	0.173*** (6.416)		
FTA_lag5	0.078*** (3.763)	0.120*** (5.203)			0.138*** (5.783)	0.206*** (7.817)		
FTA_lag10	0.061*** (3.327)	0.064*** (3.031)			0.085*** (3.957)	0.095*** (3.676)		
FTA_lag15	0.036 (1.341)	0.024 (0.802)			0.096*** (2.946)	0.082** (2.262)		
lnFTAdepth_lead9			-0.200*** (-3.056)	-0.187*** (-2.805)			-0.244*** (-3.425)	-0.209*** (-2.903)
lnFTAdepth_lead6			0.165*** (3.146)	0.164*** (3.124)			0.200*** (3.534)	0.206*** (3.636)
lnFTAdepth_lead3			0.110** (2.221)	0.151*** (3.013)			0.186*** (3.241)	0.250*** (4.317)
lnFTAdepth			0.087 (1.169)	0.145** (1.962)			0.063 (0.747)	0.170** (2.056)
lnFTAdepth_lag5			0.448*** (5.238)	0.466*** (5.416)			0.674*** (6.819)	0.711*** (7.183)

续表

	lnEXP				lnMVA			
	(1)	(2)	(3)	(4)	(5)	(6)	(7)	(8)
lnFTAdepth_lag10			0.352*** (3.480)	0.425*** (4.147)			0.534*** (4.548)	0.647*** (5.428)
lnFTAdepth_lag15			0.425* (1.741)	0.388 (1.607)			0.739*** (2.769)	0.684*** (2.600)
Other_RTA_lead9		0.014 (0.283)		0.066 (1.555)		0.107** (2.030)		0.158*** (3.330)
Other_RTA_lead6		-0.047* (-1.734)		-0.048** (-2.002)		-0.056* (-1.906)		-0.056** (-2.106)
Other_RTA_lead3		0.114*** (4.757)		0.088*** (4.082)		0.184*** (6.845)		0.145*** (5.991)
Other_RTA		0.195*** (4.590)		0.130*** (3.541)		0.371*** (7.046)		0.283*** (6.231)
Other_RTA_lag5		0.209*** (6.653)		0.166*** (5.913)		0.350*** (9.492)		0.275*** (8.349)
Other_RTA_lag10		0.054** (2.099)		0.039* (1.759)		0.124*** (3.833)		0.102*** (3.650)
Other_RTA_lag15		0.195*** (3.862)		0.238*** (5.342)		0.350*** (5.539)		0.390*** (7.001)
_cons	17.945*** (1 430.354)	17.850*** (805.657)	17.962*** (1 817.223)	17.892*** (1 080.490)	10.522*** (774.359)	10.336*** (411.662)	10.550*** (1 033.451)	10.412*** (556.120)
进口国—年份固定效应	Yes	Yes	Yes	Yes	Yes	Yes	Yes	Yes
出口国—年份固定效应	Yes	Yes	Yes	Yes	Yes	Yes	Yes	Yes
国别配对固定效应	Yes	Yes	Yes	Yes	Yes	Yes	Yes	Yes
N	102 960	102 960	102 960	102 960	102 960	102 960	102 960	102 960
R^2	0.944	0.944	0.944	0.944	0.973	0.973	0.973	0.973

注：( ) 内为在出口国—进口国双边层面聚类稳健标准误差下对应的 t 值，*、**、*** 分别表示在 10%、5%、1% 水平上显著，N 表示样本个数，R^2 表示拟合优度。

表 6.23　模型二 FTAs 的政策预期和滞后效应估计——加入对称 μ_{ij} 的结构引力方程

	lnEXP				lnOUTRTA			
	(1)	(2)	(3)	(4)	(5)	(6)	(7)	(8)
FTA_lead9	-0.076*** (-3.222)	-0.081*** (-3.053)			-0.071*** (-2.922)	-0.077*** (-2.881)		
FTA_lead6	0.058*** (3.300)	0.051*** (2.659)			0.056*** (3.130)	0.053*** (2.678)		
FTA_lead3	0.047*** (3.014)	0.077*** (4.482)			0.052*** (3.257)	0.088*** (5.028)		
FTA	0.076*** (3.643)	0.125*** (5.259)			0.075*** (3.504)	0.133*** (5.522)		
FTA_lag5	0.078*** (3.763)	0.120*** (5.203)			0.082*** (3.856)	0.124*** (5.288)		
FTA_lag10	0.061*** (3.327)	0.064*** (3.031)			0.060*** (3.135)	0.059*** (2.712)		
FTA_lag15	0.036 (1.341)	0.024 (0.802)			0.020 (0.723)	0.007 (0.234)		
lnFTAdepth_lead9			-0.200*** (-3.056)	-0.187*** (-2.805)			-0.188*** (-2.792)	-0.172** (-2.530)
lnFTAdepth_lead6			0.165*** (3.146)	0.164*** (3.124)			0.170*** (3.203)	0.172*** (3.241)
lnFTAdepth_lead3			0.110** (2.221)	0.151*** (3.013)			0.137*** (2.709)	0.184*** (3.641)
lnFTAdepth			0.087 (1.169)	0.145** (1.962)			0.088 (1.171)	0.153** (2.050)
lnFTAdepth_lag5			0.448*** (5.238)	0.466*** (5.416)			0.453*** (5.157)	0.473*** (5.365)
lnFTAdepth_lag10			0.352*** (3.480)	0.425*** (4.147)			0.324*** (3.207)	0.404*** (3.938)

续表

	lnEXP				lnOUTRTA			
	(1)	(2)	(3)	(4)	(5)	(6)	(7)	(8)
lnFTAdepth_lag15			0.425 * (1.741)	0.388 (1.607)			0.480 ** (1.980)	0.441 * (1.840)
Other_RTA_lead9		0.014 (0.283)		0.066 (1.555)		0.014 (0.291)		0.072 * (1.647)
Other_RTA_lead6		-0.047 * (-1.734)		-0.048 ** (-2.002)		-0.043 (-1.568)		-0.044 * (-1.765)
Other_RTA_lead3		0.114 *** (4.757)		0.088 *** (4.082)		0.140 *** (5.608)		0.110 *** (4.853)
Other_RTA		0.195 *** (4.590)		0.130 *** (3.541)		0.236 *** (5.441)		0.162 *** (4.300)
Other_RTA_lag5		0.209 *** (6.653)		0.166 *** (5.913)		0.216 *** (6.700)		0.171 *** (5.870)
Other_RTA_lag10		0.054 ** (2.099)		0.039 * (1.759)		0.059 ** (2.237)		0.046 ** (2.013)
Other_RTA_lag15		0.195 *** (3.862)		0.238 *** (5.342)		0.215 *** (3.995)		0.270 *** (5.657)
_cons	17.945 *** (1 430.354)	17.850 *** (805.657)	17.962 *** (1 817.223)	17.892 *** (1 080.490)	15.490 *** (1 216.240)	15.379 *** (682.587)	15.506 *** (1 558.214)	15.424 *** (911.450)
进口国—年份固定效应	Yes	Yes	Yes	Yes	Yes	Yes	Yes	Yes
出口国—年份固定效应	Yes	Yes	Yes	Yes	Yes	Yes	Yes	Yes
国别配对固定效应	Yes	Yes	Yes	Yes	Yes	Yes	Yes	Yes
N	102 960	102 960	102 960	102 960	102 960	102 960	102 960	102 960
R^2	0.944	0.944	0.944	0.944	0.944	0.944	0.944	0.944

注：( ) 内为在出口国—进口国双边层面聚类稳健标准误下对应的 t 值，*、**、*** 分别表示在 10%、5%、1% 水平上显著，N 表示样本个数，R^2 表示拟合优度。

表 6.24　模型三 FTAs 的政策预期和滞后效应估计——加入对称 μ_{ij} 的结构引力方程

	lnEXP				lnCHN			
	(1)	(2)	(3)	(4)	(5)	(6)	(7)	(8)
FTA_lead9	-0.071*** (-2.921)	-0.076*** (-2.787)			-0.064*** (-2.629)	-0.076*** (-2.808)		
FTA_lead6	0.056*** (3.110)	0.050** (2.466)			0.049*** (2.692)	0.047** (2.320)		
FTA_lead3	0.052*** (3.196)	0.086*** (4.791)			0.053*** (3.321)	0.088*** (4.963)		
FTA	0.076*** (3.541)	0.131*** (5.347)			0.060*** (2.751)	0.121*** (4.990)		
FTA_lag5	0.076*** (3.663)	0.129*** (5.474)			0.063*** (3.054)	0.105*** (4.516)		
FTA_lag10	0.063*** (3.364)	0.067*** (3.082)			0.054*** (2.842)	0.043* (1.941)		
FTA_lag15	0.040 (1.450)	0.020 (0.667)			0.008 (0.288)	-0.019 (-0.616)		
lnFTAdepth_lead9			-0.185*** (-2.762)	-0.172** (-2.528)			-0.205*** (-3.096)	-0.195*** (-2.903)
lnFTAdepth_lead6			0.170*** (3.163)	0.171*** (3.178)			0.139** (2.569)	0.141*** (2.619)
lnFTAdepth_lead3			0.123** (2.406)	0.170*** (3.300)			0.119** (2.381)	0.165*** (3.274)
lnFTAdepth			0.092 (1.183)	0.158** (2.057)			0.068 (0.895)	0.129* (1.730)
lnFTAdepth_lag5			0.432*** (5.146)	0.459*** (5.407)			0.352*** (4.181)	0.376*** (4.411)
lnFTAdepth_lag10			0.345*** (3.324)	0.424*** (4.032)			0.210** (1.983)	0.272** (2.553)
lnFTAdepth_lag15			0.475* (1.952)	0.425* (1.770)			0.293 (1.276)	0.247 (1.091)

续表

	lnEXP				lnCHN			
	(1)	(2)	(3)	(4)	(5)	(6)	(7)	(8)
Other_RTA_lead9		0.008 (0.167)		0.063 (1.434)		-0.017 (-0.353)		0.043 (0.980)
Other_RTA_lead6		-0.051* (-1.818)		-0.051** (-2.063)		-0.044 (-1.551)		-0.046* (-1.830)
Other_RTA_lead3		0.124*** (4.946)		0.093*** (4.154)		0.131*** (5.141)		0.097*** (4.267)
Other_RTA		0.207*** (4.769)		0.139*** (3.703)		0.238*** (5.364)		0.165*** (4.225)
Other_RTA_lag5		0.234*** (7.495)		0.184*** (6.560)		0.189*** (6.086)		0.146*** (5.203)
Other_RTA_lag10		0.057** (2.155)		0.040* (1.728)		0.027 (0.989)		0.017 (0.702)
Other_RTA_lag15		0.175*** (3.824)		0.224*** (5.396)		0.128*** (2.702)		0.187*** (4.367)
_cons	17.854*** (1 379.621)	17.749*** (755.967)	17.872*** (1 766.792)	17.797*** (1 026.805)	13.057*** (1 003.362)	12.960*** (554.585)	13.075*** (1 296.110)	13.005*** (753.847)
进口国—年份固定效应	Yes	Yes	Yes	Yes	Yes	Yes	Yes	Yes
出口国—年份固定效应	Yes	Yes	Yes	Yes	Yes	Yes	Yes	Yes
国别配对固定效应	Yes	Yes	Yes	Yes	Yes	Yes	Yes	Yes
N	99 840	99 840	99 840	99 840	99 840	99 840	99 840	99 840
R^2	0.942	0.942	0.942	0.942	0.951	0.952	0.951	0.952

注：( ) 内为在出口国—进口国双边层面聚类稳健标准误下对应的 t 值，*、**、*** 分别表示在 10%、5%、1% 水平上显著，N 表示样本个数，R^2 表示拟合优度。

综上所述，加入对称国别配对固定效应 μ_{ij} 的结构引力方程 FTAs 政策效应评估结果如表 6.25 所示，结果表明，在控制了 FTAs 内生性问题后的估计结果较为稳健，并可得出以下政策结论：

其一，国家间签署 FTAs 会存在明显的区域内"价值链创造"效应，FTAs 对于双边出口中进口国增加值（MVA）占比的影响均显著为正，即会使FTAs成员更多地使用成员国的进口原材料或中间产品进行生产，且这种"价值链创造"效应会随着FTAs条款复杂度的提升而增加。

其二，国家间签署FTAs并生效时，不会立即产生由区域外向区域内的"价值链转移"效应，FTAs对于双边出口中含非RTAs成员国增加值（OUTRTA）占比的影响均显著为正，但是，在加入滞后效应之后，研究发现在协定签署5年、10年后，此种"价值链转移"效应会逐渐显现，且FTAs条款复杂度越高，其在长期可能产生的由FTAs区域外向区域内"价值链转移"效应的可能性越大。

其三，在FTAs生效前，尤其是在生效前3年左右，FTAs及其条款复杂度存在明显的预期"价值链创造"效应，但不存在预期"价值链转移"效应，反而是存在预期"反向价值链转移"效应，即FTAs及其条款复杂度在FTAs生效前3年对双边出口中含非RTAs伙伴的增加值占比为明显的正面促进作用。

其四，基于我国政策视角，本书进一步考察了其他国家之间签署FTAs是否会对中国产生"价值链挤出"效应，结果表明，对中国存在明显的"价值链挤出"效应，且FTAs条款复杂度愈高，"价值链挤出"效应愈明显；FTAs生效10年后，"价值链挤出"效应更加明显，如表6.25最右列所示，模型三下FTAs政策效应在多数情况下为负，仅有3年的预期FTAs政策效应为正，表明亦存在预期"反向价值链转移"的情况。

表6.25　加 μ_{ij} 的结构引力方程下估计方法的FTAs政策效应比较　　单位：%

			模型一 MVA占比 变化	模型二 OUTRTA 占比变化	模型三 CHN占比 变化
处理内生性	结构引力+国别 配对固定效应	FTA	8.76	1.31	-1.29
		FTAdepth	13.09	1.01	-3.73
国内贸易值	结构引力+国别配对 固定效应+国内贸易流	FTA	8.76	1.92	-0.90
		FTAdepth	13.43	1.51	-2.47
间隔年数据	结构引力+国别配对 固定效应+3年间隔	FTA	8.44	2.84	0.00
		FTAdepth	10.63	3.15	-1.09

续表

			模型一 MVA 占比变化	模型二 OUTRTA 占比变化	模型三 CHN 占比变化
滞后效应	结构引力+国别配对固定效应+政策滞后效应	FTA	6.61	1.21	-0.90
		FTA 后 5 年	8.22	0.30	-2.37
		FTA 后 10 年	2.02	-0.80	-2.47
		FTAdepth	6.82	1.71	-2.08
		FTAdepth 后 5 年	25.23	-0.50	-6.95
		FTAdepth 后 10 年	23.61	-3.25	-12.80
预期效应	结构引力+国别配对固定效应+政策滞后效应+政策预期效应	FTA 前 6 年	2.43	0.20	-0.30
		FTA 前 3 年	4.19	1.11	0.20
		FTA	4.92	0.80	-1.00
		FTA 后 5 年	8.98	0.40	-2.37
		FTA 后 10 年	3.15	-0.50	-2.37
		FTAdepth 前 6 年	4.29	0.80	-2.96
		FTAdepth 前 3 年	10.41	3.36	-0.50
		FTAdepth	2.53	0.80	-2.86
		FTAdepth 后 5 年	27.76	0.70	-7.96
		FTAdepth 后 10 年	24.86	-2.08	-14.10

注：表中 FTAs 政策效应均以加入控制变量 Other_RTA 模型的回归系数计算。

6.5 异质性分析

上述研究是分别基于结构和 PPML 引力方程而展开的，并分别使用了加入对称国别配对固定效应、工具变量和倾向得分匹配法，试图解决自由贸易协定存在的内生性问题，但研究结果表明，这些方法各有利弊，估计结果的一致性都建立在严格的假设条件基础之上。鉴于此，结合 OECD_ICIO 的数据特点，此部分异质性分析将基于仅考虑了对称国别配对固定效应的结构引力模型而展开。上述研究结论表明，加入对称国别配对固定效

应 μ_{ij} 的结构引力方程不仅能够较好地控制 FTAs 内生性问题，也能得到较为稳健的估计结果。

6.5.1 FTAs 条款的分析

如前文所示，本书的自由贸易协定条款深度 $FTAdepth_{ij,t}$ 指标是由 10 个子指标加总并标准化后得到的。10 个子指标是选取了 10 个与全球价值链紧密相关的 FTAs 议题，分别为：①原产地规则条款复杂度（$ROO_{ij,t}$）；②贸易便利化条款复杂度（$TF_{ij,t}$）；③技术性贸易壁垒条款复杂度（$TBT_{ij,t}$）；④服务贸易条款复杂度（$SERVICE_{ij,t}$）；⑤资本流动条款复杂度（$CAPITAL_{ij,t}$）；⑥自然人移动条款复杂度（$PEOPLE_{ij,t}$）；⑦数据流动条款复杂度（$DATA_{ij,t}$）；⑧知识产权保护条款复杂度（$IPR_{ij,t}$）；⑨竞争政策条款复杂度（$CP_{ij,t}$）；⑩投资条款复杂度（$INVEST_{ij,t}$）。这 10 个子条款也均为标准化后的变量，取值范围在 0—1，各子条款的赋值规则同本书第 3 章。

表 6.26 汇报了计算后的政策效应估计结果。可见，除自然人移动条款、数据流动条款和知识产权条款未通过显著性检验外，多数子条款的估计结果与前文 FTAs 条款复杂度总指标（FTAdepth）基本一致，政策效应的估计结果差异不大，即 FTAs 子条款复杂度存在明显的区域内"价值链创造"效应，不存在明显的由区域外向区域内的"价值链转移"效应，但对中国存在一定程度的"价值链挤出"效应。值得注意的是，TBT 条款复杂度的"价值链创造"效应最为明显，TBT 条款复杂度每提升 1%，则双边出口中 MVA 占比将提升 49.78%，该比重明显高于其他条款的政策效应。

进一步地，本书参考丰塔涅等（2023）的方法，将自由贸易协定按深度指标值（FTAdepth）应用 k-均值算法，将 FTAs 划分为 2 个聚类，分别为浅度一体化自由贸易协定（Shallow）和深度一体化自由贸易协定（Deep），并纳入模型中，将此估计作为"条款复杂度"变量的稳健性来考察，计算后的政策效应估计结果如表 6.27 所示。

其一，如表 6.27 第（1）列所示，按原产地规则条款、服务贸易条款、自然人移动条款及知识产权条款聚类后的"深度一体化 FTAs（Deep）"对双边出口（EXP）的影响未通过显著性检验，无统计学意义；按贸易便利化条款、资本流动条款、数据流动条款、竞争政策条款聚类后的"深度一体化 FTAs"对双边出口的影响小于"浅度一体化 FTAs（Shallow）"；仅有按 TBT 条款和投资条款聚类后的"深度一体化 FTAs"对双边出口的影响大于"浅度一体化 FTAs"，这表明 TBT 条款和投资条款的条款复杂度与 FTAs 对双边贸易的促进作用相关性更高，尤其是在按 TBT 条款聚类分析时，签署"浅度一体化 FTAs"对双边贸易的促进作用为13.54%，而签署"深度一体化 FTAs"对双边贸易的促进作用高达60.96%。

其二，如表6.27第（2）列所示，仅有按 TBT 条款和投资条款聚类分析下的"深度一体化 FTAs"对 FTAs 成员国间贸易的"价值链创造"效应高于"浅度一体化 FTAs"，尤其是在按 TBT 条款聚类时，"浅度一体化 FTAs"的"价值链创造"效应仅为3.25%，而"深度一体化 FTAs"的"价值链创造"效应高达50.83%，存在明显差距。

其三，如表6.27第（3）列所示，大多数子条款聚类分析后的结论都表明，不同条款深度的 FTAs 均不存在普遍的"价值链转移"效应，且仅有按竞争政策条款复杂度聚类时，"深度一体化 FTAs"会较"浅度一体化 FTAs"产生较为明显的"价值链转移"效应，按贸易便利化条款、TBT 条款、资本流动条款以及投资条款复杂度聚类的结果表明，"深度一体化 FTAs"会使"价值链转移"发生的可能性更小，即相较于"浅度一体化 FTAs"，"深度一体化 FTAs"反而使双边出口中包含了更多非 RTAs 成员的增加值（OUTRTA）。

其四，如表6.27第（4）列所示，按贸易便利化条款、资本流动条款、数据流动条款、竞争政策条款及投资条款聚类时，其他国家间签署的"深度一体化 FTAs"对中国的"价值链挤出"效应大于"浅度一体化 FTAs"；但按 TBT 条款聚类时，反而是"浅度一体化 FTAs"对中国的"价值链挤出"效应更大，而"深度一体化 FTAs"对中国不存在"价值链挤出"的影响。

比较两种不同方法的 FTAs 政策效应估计结果，存在共性的研究结论为：

首先，自由贸易协定中 TBT 条款复杂度对价值链的影响与其他条款显著不同，TBT 条款复杂度对双边贸易的促进作用更为明显，尤其是对 FTAs 成员内"价值链创造"效应十分显著，且不仅促进成员内的价值链贸易，也会使 FTAs 成员出口中包含非 FTAs 成员增加值（OUTRTA）占比增加，即存在明显"反向价值链转移"效应，会使 FTAs 成员更便利地融入全球价值链。

其次，竞争政策条款复杂度是唯一会产生明显"价值链转移"效应的子条款，即 FTAs 对区域内反竞争行为规范的范围越广、程序公正性要求越高、反竞争法执法的协调合作程度越深，越可能会对区域外的经济体产生"排他性"，存在"价值链转移"效应。

再次，贸易便利化条款、TBT 条款以及投资条款的条款深度则存在明显的"反向价值链转移"效应。其中，贸易便利化和投资条款是典型的以非歧视性的单边方式降低准入条件，无法给予成员国"排他性"待遇。TBT 条款则表明，FTAs 对于产品技术标准、法规或合格评定程序的互认和协调程度越高，越可能使 FTAs 区域外第三国产品在满足相应标准的前提下，更容易进入 FTAs 区域内市场。

最后，其他国家之间 FTAs 多数子条款复杂度的深化，都对中国存在"价值链挤出效应"。

表 6.26　　FTAs 子条款复杂度的政策效应比较

指标	符号	模型一 MVA 占比变化 (1)	模型二 OUTRTA 占比变化 (2)	模型三 CHN 占比变化 (3)
原产地规则条款	ROO	13.20%	1.01%	-1.69%
贸易便利化条款	TF	10.52%	2.02%	-1.39%
TBT 条款	TBT	49.78%	6.61%	-4.21%

续表

指标	符号	模型一 MVA 占比变化 (1)	模型二 OUTRTA 占比变化 (2)	模型三 CHN 占比变化 (3)
服务贸易条款	SERVICE	19.48%	1.21%	-4.59%
资本流动	CAPITAL	6.40%	1.31%	-3.25%
自然人移动条款	PEOPLE	NA	NA	NA
数据流动条款	DATA	NA	NA	NA
知识产权条款	IPR	NA	NA	NA
竞争政策政策	CP	3.87%	-0.90%	-5.26%
投资条款	INVEST	15.14%	0.80%	-1.98%

注：表中 FTAs 政策效应均以加入控制变量 Other_RTA 模型的回归系数计算。

表 6.27　　按 FTAs 子条款复杂度聚类的政策效应比较

		模型一和模型二 EXP 变化 (1)	模型一 MVA 占比变化 (2)	模型二 OUTRTA 占比变化 (3)	模型三 CHN 占比变化 (4)
原产地规则条款	Shallow	NA	NA	NA	NA
	Deep	18.77%	6.93%	0.40%	-1.19%
贸易便利化条款	Shallow	18.77%	7.79%	0.10%	-0.50%
	Deep	9.86%	0.30%	0.40%	-1.29%
TBT 条款	Shallow	13.54%	3.25%	0.00%	-1.00%
	Deep	60.96%	50.83%	7.90%	1.92%
服务贸易条款	Shallow	15.72%	4.19%	0.40%	-0.40%
	Deep	NA	NA	NA	NA
资本流动条款	Shallow	18.65%	6.61%	0.00%	0.90%
	Deep	12.64%	3.15%	0.30%	-1.88%
自然人移动条款	Shallow	24.36%	11.52%	1.11%	-0.50%
	Deep	NA	NA	NA	NA
数据流动条款	Shallow	17.70%	6.82%	0.20%	0.10%
	Deep	9.42%	-0.20%	0.20%	-2.66%
知识产权条款	Shallow	18.29%	6.50%	0.70%	-0.60%
	Deep	NA	NA	NA	NA

续表

		模型一和模型二 EXP 变化 (1)	模型一 MVA 占比变化 (2)	模型二 OUTRTA 占比变化 (3)	模型三 CHN 占比变化 (4)
竞争政策条款	Shallow	20.80%	9.53%	0.90%	1.41%
	Deep	10.96%	1.21%	-0.20%	-2.18%
投资条款	Shallow	11.85%	2.33%	0.10%	-0.80%
	Deep	22.14%	9.97%	0.70%	-0.90%

注：表中 FTAs 政策效应均以加入控制变量 Other_RTA 模型的回归系数计算。

6.5.2 区域层面的分析

此部分将进一步在模型中引入区域虚拟变量与核心解释变量的交乘项，考察在不同区域的 FTAs 政策异质性。具体分两种情况划分区域：第一种情况，本研究将区域划分为欧洲、东亚及其他区域，其中欧洲区域含 8 个 FTAs，东亚区域含 18 个 FTAs，模型一、模型二、模型三的估计结果如表 6.28 至表 6.30 所示；第二种情况，本研究将区域划分为欧洲、亚太及其他区域，其中亚太区域含 78 个 FTAs，其他区域含 45 个 FTAs，对应模型一、模型二、模型三的估计结果如表 6.31 至表 6.33 所示。

首先，比较表 6.28 第（1）列与第（2）列回归结果可知，加入控制变量"其他贸易协定（Other_RTA）"对于模型估计十分重要，尤其是欧洲区域。因为其主要的区域经济一体化形式为关税同盟，估计结果显示，若不加 Other_RTA 控制变量，欧洲区域国家间签署 FTAs 的估计系数为负，与既往研究结论相差较大；加入 Other_RTA 控制变量后，则 FTAs 的估计系数为正且显著。

其次，如表 6.34 所示，在两种区域划分方法下，欧洲区域的估计结果差异不大，但 FTAs 条款复杂度变量估计结果均没有通过显著性检验，无统计学意义。FTAs 估计结果表明 [如表 6.34 第（1）列至第（3）列所示]，欧洲区域内各国签署 FTAs 存在一定的"价值链创造"效应；签署

FTAs 会使双边出口中含进口国增加值占比提升 7.25%，但不存在"价值链转移"效应；签署 FTAs 会使双边出口中含非 RTAs 成员增加值占比提升 2.74%。对于中国而言，欧洲区域内各国间签署 FTAs 则存在一定的"价值链挤出"效应，签署 FTAs 会使双边出口中含中国增加值占比降低 1.88%。

再次，"其他区域"的估计结果代表了跨区域之间 FTAs 的政策效应，如表 6.34 第（1）列所示，跨区域 FTAs 的"价值链创造"效应（3.67%）明显小于东亚（34.99%）和欧洲区域（7.25%）内 FTAs，跨区域 FTAs 条款复杂度的"价值链创造"效应（7.14%）也与东亚内 FTAs（71.60%）差距较大；跨区域 FTAs 条款复杂度则存在一定的"价值链转移效应"（-0.20%），东亚区域内部 FTAs 则不存在"价值链转移效应"，反而对非 RTAs 成员的增加值起到促进作用，占比提升 17.47%。

最后，比较东亚与亚太区域的估计结果，如表 6.34 第（1）列至第（3）列与第（4）列至第（6）列所示，东亚区域内 FTAs 及其条款复杂度（FTAdepth）的"价值链创造"效应明显高于亚太区域，且不存在"价值链转移"效应，这表明东亚区域内成员之间的 FTAs 对于东亚生产网络的形成有较强的促进作用，这使非 RTAs 成员的国家有机会加入东亚生产网络中。尤其是，对于中国而言，如表 6.34 第（3）列所示，东亚区域其他国家间签署 FTAs 会使对中国的"价值链挤出"效应为 6.95%，但 FTAs 条款复杂度每提升 1%，对中国的"价值链挤出"效应则会减少 4.29%，即东亚区域其他国家间双边出口中反而会包含更多的中国增加值，但亚太区域其他国家间双边出口中含中国增加值占比则会降低 6.39%，这表明 FTAs 条款复杂度所包含的高标准开放政策可能对于近域国家会更具有较强的"非排他性"特征。

综上所述，区域异质的分析表明，距离相近的"天然贸易伙伴（Natural Trading Partner）"间的自由贸易协定及其条款深度会产生更多的价值链创造效应和较少的价值链转移效应，而"非天然贸易伙伴"间的自贸协定及其条款深度则会导致更多的贸易转移效应，这与克鲁格曼（1991）和奥内拉斯等（Ornelas et al., 2021）的理论研究结论相一致。

表 6.28　欧洲及东亚区域——模型一 FTAs 的政策效应估计

	lnEXP				lnMVA			
	(1)	(2)	(3)	(4)	(5)	(6)	(7)	(8)
FTA_europe	-0.057 (-1.599)	0.143** (2.352)			-0.152*** (-3.412)	0.213*** (2.761)		
FTA_easia	0.574*** (6.542)	0.536*** (6.029)			0.900*** (8.983)	0.836*** (8.433)		
FTA_else	0.130*** (4.285)	0.143*** (4.755)			0.156*** (4.488)	0.179*** (5.220)		
lnFTAdepth_europe			0.124 (0.177)	0.666 (0.922)			0.649 (0.830)	1.742** (2.137)
lnFTAdepth_easia			1.273*** (4.337)	1.038*** (3.618)			1.977*** (4.989)	1.578*** (4.311)
lnFTAdepth_else			0.244*** (2.863)	0.285*** (3.362)			0.274*** (2.829)	0.354*** (3.692)
Other_RTA_europe		0.267*** (3.927)		0.181*** (4.319)		0.486*** (5.715)		0.366*** (7.066)
Other_RTA_easia		-0.758** (-1.989)		-0.883** (-2.230)		-1.230* (-1.722)		-1.435* (-1.939)
Other_RTA_else		0.124 (0.943)		0.115 (0.871)		0.197 (1.156)		0.195 (1.148)
_cons	17.965*** (2 356.090)	17.912*** (1 195.725)	17.968*** (2 391.075)	17.941*** (1 774.967)	10.561*** (1 458.933)	10.466*** (587.633)	10.559*** (1 464.990)	10.504*** (958.441)
进口国—年份固定效应	Yes	Yes	Yes	Yes	Yes	Yes	Yes	Yes
出口国—年份固定效应	Yes	Yes	Yes	Yes	Yes	Yes	Yes	Yes
国别配对固定效应	Yes	Yes	Yes	Yes	Yes	Yes	Yes	Yes
N	102 960	102 960	102 960	102 960	102 960	102 960	102 960	102 960
R^2	0.944	0.944	0.944	0.944	0.973	0.973	0.973	0.973

注：( ) 内为在出口国—进口国双边层面聚类稳健标准误下对应的 t 值，*、**、*** 分别表示在 10%、5%、1% 水平上显著，N 表示样本个数，R^2 表示拟合优度。

表 6.29　　欧洲及东亚区域——模型二 FTAs 的政策效应估计

	lnEXP				lnOUTRTA			
	(1)	(2)	(3)	(4)	(5)	(6)	(7)	(8)
FTA_europe	-0.057 (-1.599)	0.143** (2.352)			-0.058 (-1.555)	0.170*** (2.663)		
FTA_easia	0.574*** (6.542)	0.536*** (6.029)			0.599*** (6.945)	0.560*** (6.402)		
FTA_else	0.130*** (4.285)	0.143*** (4.755)			0.128*** (4.197)	0.147*** (4.836)		
lnFTAdepth_europe			0.124 (0.177)	0.666 (0.922)			0.155 (0.223)	0.773 (1.078)
lnFTAdepth_easia			1.273*** (4.337)	1.038*** (3.618)			1.426*** (4.832)	1.199*** (4.144)
lnFTAdepth_else			0.244*** (2.863)	0.285*** (3.362)			0.233*** (2.738)	0.283*** (3.342)
Other_RTA_europe		0.267*** (3.927)		0.181*** (4.319)		0.308*** (4.399)		0.202*** (4.681)
Other_RTA_easia		-0.758** (-1.989)		-0.883** (-2.230)		-0.703* (-1.788)		-0.801* (-1.943)
Other_RTA_else		0.124 (0.943)		0.115 (0.871)		0.255* (1.873)		0.243* (1.791)
_cons	17.965*** (2 356.090)	17.912*** (1 195.725)	17.968*** (2 391.075)	17.941*** (1 774.967)	15.510*** (2 019.143)	15.448*** (1 007.566)	15.513*** (2 056.962)	15.481*** (1 515.908)
进口国一年份固定效应	Yes	Yes	Yes	Yes	Yes	Yes	Yes	Yes
出口国一年份固定效应	Yes	Yes	Yes	Yes	Yes	Yes	Yes	Yes
国别配对固定效应	Yes	Yes	Yes	Yes	Yes	Yes	Yes	Yes
N	102 960	102 960	102 960	102 960	102 960	102 960	102 960	102 960
R^2	0.944	0.944	0.944	0.944	0.944	0.944	0.944	0.944

注：( ) 内为在出口国—进口国双边层面聚类稳健标准误下对应的 t 值，*、**、*** 分别表示在 10%、5%、1% 水平上显著，N 表示样本个数，R^2 表示拟合优度。

表 6.30　　欧洲及东亚区域——模型三 FTAs 的政策效应估计

	lnEXP				lnCHN			
	(1)	(2)	(3)	(4)	(5)	(6)	(7)	(8)
FTA_europe	-0.060* (-1.670)	0.146** (2.389)			-0.083** (-2.161)	0.127** (2.021)		
FTA_easia	0.634*** (6.685)	0.608*** (6.363)			0.563*** (6.060)	0.536*** (5.735)		
FTA_else	0.129*** (4.173)	0.144*** (4.651)			0.125*** (4.065)	0.143*** (4.666)		
lnFTAdepth_europe			0.150 (0.214)	0.720 (0.993)			0.385 (0.543)	1.028 (1.403)
lnFTAdepth_easia			1.471*** (4.530)	1.334*** (4.199)			1.505*** (4.506)	1.376*** (4.174)
lnFTAdepth_else			0.248*** (2.837)	0.292*** (3.368)			0.196** (2.291)	0.247*** (2.919)
Other_RTA_europe		0.275*** (4.024)		0.188*** (4.444)		0.285*** (4.098)		0.209*** (4.695)
Other_RTA_easia		-0.786 (-1.572)		-0.920* (-1.837)		-0.695 (-1.197)		-0.755 (-1.295)
Other_RTA_else		0.130 (0.981)		0.121 (0.917)		0.240* (1.727)		0.224 (1.620)
_cons	17.876*** (2 297.954)	17.820*** (1 153.226)	17.878*** (2 320.385)	17.847*** (1 707.150)	13.075*** (1 673.233)	13.015*** (834.457)	13.074*** (1 695.175)	13.039*** (1 219.534)
进口国—年份固定效应	Yes	Yes	Yes	Yes	Yes	Yes	Yes	Yes
出口国—年份固定效应	Yes	Yes	Yes	Yes	Yes	Yes	Yes	Yes
国别配对固定效应	Yes	Yes	Yes	Yes	Yes	Yes	Yes	Yes
N	99 840	99 840	99 840	99 840	99 840	99 840	99 840	99 840
R^2	0.942	0.942	0.942	0.942	0.952	0.952	0.951	0.952

注:( ) 内为在出口国—进口国双边层面聚类稳健标准误下对应的 t 值, *、**、*** 分别表示在 10%、5%、1% 水平上显著, N 表示样本个数, R^2 表示拟合优度。

表 6.31　欧洲及亚太区域——模型一 FTAs 的政策效应估计

	lnEXP				lnMVA			
	(1)	(2)	(3)	(4)	(5)	(6)	(7)	(8)
FTA_europe	−0.055 (−1.561)	0.144** (2.357)			−0.147*** (−3.297)	0.211*** (2.743)		
FTA_asiap	0.390*** (7.330)	0.361*** (6.763)			0.621*** (10.031)	0.572*** (9.417)		
FTA_else	0.120*** (3.763)	0.140*** (4.411)			0.122*** (3.341)	0.157*** (4.310)		
lnFTAdepth_europe			0.124 (0.176)	0.710 (0.983)			0.582 (0.745)	1.737** (2.128)
lnFTAdepth_asiap			0.492*** (4.128)	0.407*** (3.448)			0.793*** (5.652)	0.646*** (4.810)
lnFTAdepth_else			0.221** (2.286)	0.298*** (3.097)			0.160 (1.437)	0.307*** (2.782)
Other_RTA_europe		0.269*** (3.965)		0.186*** (4.455)		0.483*** (5.693)		0.368*** (7.125)
Other_RTA_asiap		−0.589* (−1.664)		−0.744** (−2.080)		−0.976* (−1.681)		−1.216** (−2.067)
Other_RTA_else		0.190 (1.496)		0.184 (1.459)		0.306** (2.028)		0.312** (2.091)
_cons	17.965*** (2 346.053)	17.912*** (1 193.392)	17.974*** (2 482.987)	17.945*** (1 807.507)	10.561*** (1 452.945)	10.467*** (587.151)	10.568*** (1 590.721)	10.511*** (983.139)
进口国—年份固定效应	Yes	Yes	Yes	Yes	Yes	Yes	Yes	Yes
出口国—年份固定效应	Yes	Yes	Yes	Yes	Yes	Yes	Yes	Yes
国别配对固定效应	Yes	Yes	Yes	Yes	Yes	Yes	Yes	Yes
N	102 960	102 960	102 960	102 960	102 960	102 960	102 960	102 960
R^2	0.944	0.944	0.944	0.944	0.973	0.973	0.973	0.973

注：( ) 内为在出口国—进口国双边层面聚类稳健标准误下对应的 t 值，*、**、*** 分别表示在 10%、5%、1% 水平上显著，N 表示样本个数，R^2 表示拟合优度。

表 6.32　欧洲及亚太区域——模型二 FTAs 的政策效应估计

	lnEXP				lnOUTRTA			
	(1)	(2)	(3)	(4)	(5)	(6)	(7)	(8)
FTA_europe	-0.055 (-1.561)	0.144** (2.357)			-0.057 (-1.513)	0.170*** (2.667)		
FTA_asiap	0.390*** (7.330)	0.361*** (6.763)			0.406*** (7.777)	0.377*** (7.205)		
FTA_else	0.120*** (3.763)	0.140*** (4.411)			0.117*** (3.567)	0.143*** (4.378)		
lnFTAdepth_ europe			0.124 (0.176)	0.710 (0.983)			0.151 (0.218)	0.818 (1.141)
lnFTAdepth_ asiap			0.492*** (4.128)	0.407*** (3.448)			0.525*** (4.541)	0.441*** (3.867)
lnFTAdepth_ else			0.221** (2.286)	0.298*** (3.097)			0.203** (2.057)	0.292*** (2.978)
Other_RTA_ europe		0.269*** (3.965)		0.186*** (4.455)		0.310*** (4.432)		0.208*** (4.815)
Other_RTA_ asiap		-0.589* (-1.664)		-0.744** (-2.080)		-0.515 (-1.372)		-0.671* (-1.770)
Other_RTA_ else		0.190 (1.496)		0.184 (1.459)		0.324** (2.519)		0.318** (2.479)
_cons	17.965*** (2 346.053)	17.912*** (1 193.392)	17.974*** (2 482.987)	17.945*** (1 807.507)	15.510*** (2 008.616)	15.448*** (1 003.659)	15.520*** (2 135.957)	15.486*** (1 540.723)
进口国—年 份固定效应	Yes	Yes	Yes	Yes	Yes	Yes	Yes	Yes
出口国—年 份固定效应	Yes	Yes	Yes	Yes	Yes	Yes	Yes	Yes
国别配对 固定效应	Yes	Yes	Yes	Yes	Yes	Yes	Yes	Yes
N	102 960	102 960	102 960	102 960	102 960	102 960	102 960	102 960
R^2	0.944	0.944	0.944	0.944	0.944	0.944	0.944	0.944

注：( ) 内为在出口国—进口国双边层面聚类稳健标准误下对应的 t 值，*、**、*** 分别表示在 10%、5%、1% 水平上显著，N 表示样本个数，R^2 表示拟合优度。

表 6.33　　欧洲及亚太区域——模型三 FTAs 的政策效应估计

	lnEXP				lnCHN			
	(1)	(2)	(3)	(4)	(5)	(6)	(7)	(8)
FTA_europe	-0.059 * (-1.649)	0.147 ** (2.399)			-0.083 ** (-2.172)	0.128 ** (2.046)		
FTA_asiap	0.407 *** (7.196)	0.385 *** (6.793)			0.355 *** (6.401)	0.333 *** (6.007)		
FTA_else	0.123 *** (3.814)	0.144 *** (4.485)			0.126 *** (3.940)	0.152 *** (4.756)		
lnFTAdepth_ europe			0.150 (0.213)	0.770 (1.062)			0.400 (0.564)	1.107 (1.510)
lnFTAdepth_ asiap			0.484 *** (3.904)	0.425 *** (3.460)			0.420 *** (3.497)	0.359 *** (3.044)
lnFTAdepth_ else			0.225 ** (2.300)	0.307 *** (3.153)			0.190 ** (1.962)	0.284 *** (2.954)
Other_RTA_ europe		0.279 *** (4.084)		0.194 *** (4.595)		0.291 *** (4.205)		0.218 *** (4.898)
Other_RTA_ asiap		-0.446 (-1.003)		-0.619 (-1.375)		-0.414 (-0.817)		-0.562 (-1.095)
Other_RTA_ else		0.201 (1.586)		0.195 (1.542)		0.324 *** (2.578)		0.311 ** (2.493)
_cons	17.876 *** (2 288.545)	17.819 *** (1 151.782)	17.885 *** (2 422.139)	17.853 *** (1 745.963)	13.075 *** (1 667.036)	13.013 *** (833.444)	13.081 *** (1 772.117)	13.044 *** (1 243.859)
进口国—年 份固定效应	Yes	Yes	Yes	Yes	Yes	Yes	Yes	Yes
出口国—年 份固定效应	Yes	Yes	Yes	Yes	Yes	Yes	Yes	Yes
国别配对 固定效应	Yes	Yes	Yes	Yes	Yes	Yes	Yes	Yes
N	99 840	99 840	99 840	99 840	99 840	99 840	99 840	99 840
R^2	0.942	0.942	0.942	0.942	0.952	0.952	0.951	0.951

注：( ) 内为在出口国—进口国双边层面聚类稳健标准误下对应的 t 值，*、**、*** 分别表示在10%、5%、1%水平上显著，N 表示样本个数，R^2 表示拟合优度。

表 6.34　　区域层面的 FTAs 政策效应比较

		模型一 MVA 占比变化 (1)	模型二 OUTRTA 占比变化 (2)	模型三 CHN 占比变化 (3)		模型一 MVA 占比变化 (4)	模型二 OUTRTA 占比变化 (5)	模型三 CHN 占比变化 (6)
FTA	欧洲	7.25%	2.74%	-1.88%	欧洲	6.93%	2.63%	-1.88%
FTAdepth		NA	NA	NA		NA	NA	NA
FTA	东亚	34.99%	2.43%	-6.95%	亚太	23.49%	1.61%	-5.07%
FTAdepth		71.60%	17.47%	4.29%		27.00%	3.46%	-6.39%
FTA	其他	3.67%	0.40%	-0.10%	其他	1.71%	0.30%	0.80%
FTAdepth		7.14%	-0.20%	-4.40%		0.90%	-0.60%	-2.27%

注：表中 FTAs 政策效应均以加入控制变量 Other_RTA 模型的回归系数计算。

6.5.3　行业层面的分析

此部分将基于行业层面展开异质性分析。行业层面的结构引力模型不仅可以有效地减少估计偏差，还可以提供更多层面的比较研究价值（Anderson and Yotov，2010，2012）。OECD-ICIO 2021 版数据将制造业划分为 17 个子行业，行业划分与《国际标准行业分类修订本第 4 版》一致，具体如表 6.35 所示。根据制造业分行业的模型一、模型二及模型三的加 μ_{ij} 的结构引力方程估计结果计算的各行业 FTAs 政策效应如表 6.36 所示，FTAs 条款复杂度的政策效应如表 6.37 所示，据此可知：

其一，签署 FTAs 的"价值链创造"效应最明显的产业是 D23（其他非金属矿物制品的制造），签署 FTAs 会使双边出口中含进口国增加值平均增长 8.55%，其次是 D10T12（食品、饮料及烟草制品的制造），增长率为 8.22%。

其二，"价值链创造"对 FTAs 条款复杂度最敏感的产业是 D29（汽车、挂车和半挂车的制造），FTAs 条款复杂度每提升 1%，会使该产业的出口中包含进口国增加值平均增长 14.34%。

其三，签署 FTAs 和 FTAs 条款复杂度的"价值链转移"效应在

D13T15 产业（纺织品、服装、皮革及相关产品的制造）格外明显，签署 FTAs 会使双边出口中含非 RTAs 成员增加值减少 2.18%，FTAs 条款复杂度每提升 1%，会使其平均减少 3.05%。此外，D17T18 产业（纸和纸制品的制造、记录媒介物的印制及复制）和 D27 产业（电力设备的制造）的"价值链转移"效应也较为明显，FTAs 和 FTAs 条款复杂度的政策影响分别为 -1.59% 和 -3.82%、-1.19% 和 -3.54%。

其四，除中国外，其他国家间签署 FTAs，对中国的多数制造业均没有产生"价值链挤出"的影响，仅有 3 个产业的政策影响为负，分别为 D13T15（纺织品、服装、皮革及相关产品的制造）、D17T18（纸和纸制品的制造、记录媒介物的印制及复制）和 D28（未另分类的机械和设备的制造），影响系数分别为 -2.37%、-0.80% 和 -0.50%；其中，纺织业的"挤出"现象最为明显，且 FTAs 条款复杂度每提升 1%，也会使其他国家双边出口中含中国增加值减少 3.44%。

表 6.35　　OECD-ICIO 制造业细分行业分类表

	行业代码	中文名称	对应 ISIC Rev.4 产业类别
1	D10T12	食品、饮料及烟草制品的制造	10, 11, 12
2	D13T15	纺织品、服装、皮革及相关产品的制造	13, 14, 15
3	D16	木材、木材制品及软木制品的制造（家具除外）、草编制品及编织材料物品的制造	16
4	D17T18	纸和纸制品的制造、记录媒介物的印制及复制	17, 18
5	D19	焦炭和精炼石油产品的制造	19
6	D20	化学品及化学制品的制造	20
7	D21	基本医药产品和医药制剂的制造	21
8	D22	塑胶和塑料制品的制造	22
9	D23	其他非金属矿物制品的制造	23
10	D24	基本金属的制造	24
11	D25	金属制品的制造（机械设备除外）	25
12	D26	计算机、电子产品和光学产品的制造	26
13	D27	电力设备的制造	27

续表

	行业代码	中文名称	对应 ISIC Rev.4 产业类别
14	D28	未另分类的机械和设备的制造	28
15	D29	汽车、挂车和半挂车的制造	29
16	D30	其他运输设备的制造	30
17	D31T33	其他制造业、机械和设备的修理和安装	31，32，33

资料来源：OECD – ICIO 网站。

表 6.36　　产业层面的 FTAs 政策效应比较　　单位：%

行业	模型一 MVA 占比变化	模型二 OUTRTA 占比变化	模型三 CHN 占比变化
食品、饮料及烟草制品的制造	8.22	-0.20	0.70
纺织品、服装、皮革及相关产品的制造	5.02	-2.18	-2.37
木材、木材制品及软木制品的制造（家具除外）、草编制品及编织材料物品的制造	2.43	-0.60	1.41
纸和纸制品的制造、记录媒介物的印制及复制	1.11	-1.59	-0.80
焦炭和精炼石油产品的制造	6.93	0.50	2.12
化学品及化学制品的制造	5.44	-0.70	0.70
基本医药产品和医药制剂的制造	8.00	-0.70	0.60
塑胶和塑料制品的制造	0.90	-0.80	1.51
其他非金属矿物制品的制造	8.55	2.43	7.90
基本金属的制造	3.77	-1.49	0.10
金属制品的制造（机械设备除外）	6.29	1.21	9.75
计算机、电子产品和光学产品的制造	1.92	-0.50	1.11
电力设备的制造	0.80	-1.19	0.30
未另分类的机械和设备的制造	-4.97	-1.29	-0.50
汽车、挂车和半挂车的制造	3.77	-0.30	1.31
其他运输设备的制造	4.50	0.40	2.22
其他制造业、机械和设备的修理和安装	6.40	0.00	0.40

注：表中 FTAs 政策效应均以加入控制变量 Other_RTA 模型的回归系数计算。

表 6.37　　产业层面的 FTAs 条款复杂度政策效应比较

行业	模型一 MVA 占比变化	模型二 OUTRTA 占比变化	模型三 CHN 占比变化
食品、饮料及烟草制品的制造	10.74%	0.50%	2.74%
纺织品、服装、皮革及相关产品的制造	4.39%	-3.05%	-3.44%
木材、木材制品及软木制品的制造（家具除外）、草编制品及编织材料物品的制造	2.33%	-0.40%	3.25%
纸和纸制品的制造、记录媒介物的印制及复制	-5.64%	-3.82%	-4.11%
焦炭和精炼石油产品的制造	10.41%	1.82%	NA
化学品及化学制品的制造	11.18%	-0.30%	2.22%
基本医药产品和医药制剂的制造	13.66%	-1.69%	-1.69%
塑胶和塑料制品的制造	2.33%	-1.39%	4.39%
其他非金属矿物制品的制造	NA	NA	NA
基本金属的制造	NA	NA	NA
金属制品的制造（机械设备除外）	NA	NA	NA
计算机、电子产品和光学产品的制造	1.82%	-1.29%	-2.18%
电力设备的制造	-0.30%	-3.54%	-1.98%
未另分类的机械和设备的制造	NA	NA	NA
汽车、挂车和半挂车的制造	14.34%	-0.80%	2.12%
其他运输设备的制造	-1.00%	-1.78%	0.90%
其他制造业、机械和设备的修理和安装	9.86%	0.40%	1.01%

注：表中 FTAs 政策效应均以加入控制变量 Other_RTA 模型的回归系数计算。

第7章

结论与政策建议

7.1 结论性评述

本书的现实背景是基于20世纪90年代以来,国际生产分工细化下的全球价值链贸易的迅速增长,以及与之同时期出现的自由贸易协定签署数量的迅速增加、内涵和标准的逐步提高,并假设两种同时快速增长的经济现象之间存在着关联性,即自由贸易协定的签署会促使区域内的成员国之间生产联系更为密切,生产过程更加分散化。其对于区域内的全球价值链贸易存在"扩大效应",可能来自本国生产效率较低的中间产品供应商被FTAs成员国内效率较高的供应商取代,即存在"价值链创造效应",也可能来自FTAs外更有效率的供应商被FTAs成员国内效率相对较低的供应商取代,即存在"价值链转移效应"。在全球对抗加剧、中美协作面临挑战之际,以美国为首的一些经济体提出"友岸外包供应链"的概念,并试图通过IPEF谈判的推进,在亚太区域主导高标准国际经贸规则的构建,实现与缔约国在"边境内"议题上的国内规制协调。基于此背景,本书不仅关注FTAs及其高标准条款对区域内价值链贸易存在的"扩大效应",更从"价值链创造"和"价值链转移"的视角,考察对非FTAs缔约方参与区域价值链的"挤出"影响。

基于此,首先,本书选取了11个与全球价值链紧密相关的自由贸易协定议题,并对其发展趋势展开分析。研究表明,一是在世界范围内FTAs所包含的原产地规则条款、贸易便利化条款、技术性贸易壁垒条款、服务贸易条款、资本流动条款、自然人移动条款、数据流动条款、知识产权保护条款、竞争政策条款及投资条款的复杂度均在提升,包含了更多高标准规则的协调;二是RCEP作为一项全面、现代、高质量的区域自由贸易协定,是我国新一轮高水平对外开放的重要平台,相较于其他高标准FTAs,RCEP在原产地规则条款和贸易便利化条款的复杂度已处于较高水平,但在投资条款、数据流动条款、技术性贸易壁垒和服务贸易条款的复杂度方面仍存在一定差距;三是从中美 FTAs 条款复杂度的差异上看,中美在知识产权条款、投资条款、服务贸易条款、资本流动条款、数据流动条款复杂度方面存在的差异较大。

其次,本书进一步对另一个同期出现明显增长趋势的经济现象——全球价值链贸易的发展趋势展开分析。本书给出了 FTAs 视角下全球价值链重构的计算框架和方法,基于博林与曼奇尼(2019)的垂直专业化贸易分解框架定义了 3 个指标,并关注 FTAs 对其影响,分别是"价值链创造"效应、"价值链转移"效应及对中国的"价值链挤出"效应。围绕亚太区域内的主要经济体——中国和美国,对其签署的典型的自由贸易协定:北美自由贸易协定、中国—东盟自由贸易协定、美韩自由贸易协定、中韩自由贸易协定展开案例分析,从统计层面考察自由贸易协定对于区域内成员价值链布局的影响。研究表明,其一,NAFTA 生效后,美国和加拿大制造业对墨西哥的出口中所包含的墨西哥增加值持续增加,存在"价值链创造"效应,在 NAFTA 生效 10 年后左右,则有较为明显的"价值链转移"影响。此外,由于中国加入 WTO 发生在 NAFTA 签署之后,从趋势图上看,NAFTA 对中国的"价值链挤出"影响几乎不存在。其二,CAFTA 在全面启动后,于 2010 年左右开始出现较为明显的区域内"价值链创造"效应,且除了焦炭和精炼石油产品的制造业外,其他制造业产业均存在明显的"价值链转移"效应。其三,除计算机、电子产品和光学产品的制造业外,多数制造业价值链均在美韩 FTA 签署后更加紧密,存在"价值链创造效应",且几乎对所有产业均存在"价值链转移"效应,但对中国多数产业均不存在"价值链挤出"效应,这可能是受中韩之间地理位置毗邻、生产链联系紧密的影响。其四,中韩 FTA 在多数产业也是存在明显的"价值链创造"效应的,但多数制造业"价值链转移"效应并不明显,这与美韩 FTA 的影响极为不同,表明距离相近的"天然贸易伙伴"间的自由贸易协定可能会产生较少的价值链转移效应。此外,通过对这 4 个典型 FTAs 的分析,还可以看出,FTAs 对全球价值链重构的政策影响存在国别及行业的明显差异性。

再次，在对自由贸易协定和全球价值链贸易重构的关系展开实证分析之前，本书对两个经济现象之间可能存在的内在逻辑关系进一步展开讨论，并给出了本研究的关键假设：自由贸易协定的签署对于区域内的全球价值链贸易存在"扩大效应"。这种"扩大效应"，一方面是通过"边境上"关税等显性成本的降低，在生产多次跨越边境的全球价值链贸易下引致的；另一方面是通过"边境后"政策协调等契约成本的降低，在生产涉及多国多企业的全球价值链贸易下所引致的。进一步地，对于FTAs内部区域价值链的"扩大效应"，一方面，可能来自本国生产效率较低的中间产品供应商被FTAs成员国内效率较高的供应商取代，即"价值链创造效应"；另一方面，也可能来自FTAs外更有效率的供应商被FTAs成员国内效率相对较低的供应商取代，即"价值链转移效应"。与此同时，本书指出了这种"扩大效应"的大小还受到多个可能因素的抑制，例如，自由贸易协定某些自身条款的限制，成员国内部的国内区域链条的完整、跨国公司的主导作用以及单边和多边贸易壁垒的降低等。尤其是，与"边境上"的关税减让不同，涉及竞争政策、知识产权、投资政策等的规定往往具有"非歧视"性质和"公共产品"特征，进而可能产生积极的溢出效应或"反向贸易转移"效应。

最后，本书采用了多种不同的实证模型，对自由贸易协定及其条款深度和全球价值链重构之间的关系展开分析，分别考察了FTAs及其条款深度对协定区域内成员国的"价值链创造效应"、区域外生产向区域内转移的"价值链转移效应"，以及对中国的"价值链挤出效应"。具体包括结构引力方程、拟泊松最大似然比估计引力方程，并分别采取了加入对称国别配对固定效应、工具变量和倾向得分匹配法，试图解决自由贸易协定存在的内生性问题。在稳健性检验部分，分别通过考虑国内贸易流、基于间隔年数据、考量FTAs政策的滞后及预期效应共四个层面展开。此外，本书在子条款异质层面、区域异质层面、行业异质层面展开异质性分析。实证研究结果主要表明：

第一，FTAs及其条款深度的"价值链创造效应"：国家间签署FTAs

会存在明显的区域内"价值链创造"效应，FTAs 对于双边出口中进口国增加值（MVA）占比的影响均显著为正，即会使 FTAs 成员更多地使用成员国的进口原材料或中间产品进行生产，FTAs 明显地促进了协议成员间的生产联系；这种"价值链创造"效应会随着 FTAs 条款复杂度的提升而增加，签署一体化程度更高的自由贸易协定，的确会促进缔约国之间的生产更加分散化；FTAs 条款深度对区域内价值链的"创造"效应更可能在 FTAs 生效后的中后期才逐渐增加；在 FTAs 生效前，尤其是在生效前 3 年左右，FTAs 及其条款复杂度存在明显的预期"价值链创造"效应；从细分产业层面看，汽车制造业对于 FTAs 条款复杂度的"价值链创造"效应最为敏感。

第二，FTAs 及其条款深度的"价值链转移效应"：国家间签署 FTAs 并生效时，不会立即产生由区域外向区域内的"价值链转移"效应，但在协定签署 5 年、10 年后，此种"价值链转移"效应会逐渐显现；FTAs 条款复杂度越高，其在长期可能产生的由 FTAs 区域外向区域内"价值链转移"效应的可能性越大；在 FTAs 生效前，尤其是在生效前 3 年左右，FTAs 及其条款复杂度不存在预期"价值链转移"效应，反而存在预期"反向价值链转移"效应；从细分产业层面看，在纺织服装制造业，FTAs 及条款复杂度的"价值链转移"效应格外明显。

第三，其他经济体 FTAs 及其条款深度对中国的"价值链挤出效应"：其他经济体间 FTAs 对中国存在明显的"价值链挤出"效应，且 FTAs 条款复杂度越高，"价值链挤出"效应越明显；FTAs 生效 10 年后的"价值链挤出"效应更加明显；但从细分产业看，主要是以下三个产业存在"价值链挤出"效应，分别是纺织服装制造业、造纸业和机械设备制造业。

第四，自由贸易协定中 TBT 条款复杂度对价值链的影响与其他条款显著不同，TBT 条款复杂度对双边贸易的促进作用更为明显，尤其是对 FTAs 成员内"价值链创造"效应十分显著。

第五，贸易便利化条款、TBT 条款以及投资条款的条款深度则存在明显的"反向价值链转移"效应。其中，贸易便利化和投资条款是典型的以非歧视性的单边方式降低准入条件，无法给予成员国"排他性"待遇。TBT 条款则表明，FTAs 对于产品技术标准、法规或合格评定程序的互认和协调程度越高，越可能使 FTAs 区域外第三国产品在满足相应标准的前提下，更容易进入 FTAs 区域内市场。

第六，竞争政策条款复杂度是唯一会产生明显"价值链转移"效应的子条款，即 FTAs 对区域内反竞争行为规范的范围越广、程序公正性要求越高、反竞争法执法的协调合作程度越深，越可能会对区域外的经济体产生"排他性"。

第七，距离相近的"天然贸易伙伴"间的自由贸易协定及其条款深度会产生更多的价值链创造效应和较少的价值链转移效应，而"非天然贸易伙伴"间的自贸协定及其条款深度则会导致更多的价值链转移效应。

7.2 政策建议

本书尝试通过理论逻辑的推演，及多层次、多角度的统计和实证分析，理清自由贸易协定对于全球价值链重构的影响。据此，以全球价值链视角，本书对我国区域经济一体化建设提出如下建议：

（1）持续积极、主动地推进自由贸易协定的谈判工作，充分利用 FTAs 网络维护区域产业链、供应链稳定

鉴于自由贸易协定的签署会使协议成员更多地使用对方的原材料/中间产品，会明显地促进协议成员间的生产联系，对于成员国间的价值链贸易产生较大的促进作用，未来我国应当更加积极地推进自由贸易协定的谈判工作，更开放地融入全球价值链，从而带动各经济体间的资源优化配置，加强经济体间的产业分工与合作。

（2）进一步推动"高标准"自由贸易区建设，合理设计"定制化"议题

鉴于一体化程度更高的自由贸易协定，的确会促进缔约国之间的生产

更加分散化，协定的"高标准、高水平、定制化"本质上也是全球价值链有效运行的内在要求，未来我国应当进一步推动"高标准"自由贸易区的建设，合理设计"定制化"议题，持续优化 FTAs 内部企业缔约环境。对已达成的 FTAs 要加快升级谈判步伐，对正在谈判协商的自由贸易协定要进行详尽的可行性分析，对各部门各行业进行完备的调研考察，对成员国国内法律制度和市场环境进行深入的调查分析，以获得更高的谈判筹码。

（3）在自由贸易协定伙伴国的选择上，优先与地理位置毗邻、要素互补的"天然贸易伙伴国"展开谈判

鉴于本研究表明，距离相近的"天然贸易伙伴"间的自由贸易协定及其条款深度会产生更多的价值链创造效应，未来我国在选择自由贸易协定伙伴国时，应当以全球价值链的发展视角，优先选择地理位置毗邻、要素互补、已有密切生产联系的"天然贸易伙伴国"展开谈判。此种自由贸易协定将对成员国间生产联系发挥更大的促进作用，将有利于资源的优化配置和产业的转型升级。

（4）沉着应对以美国为首的发达国家以"高标准"区域一体化推动"友岸供应链"建设带来的影响

本书实证结果表明，虽然有 FTAs 对区域内的生产联系产生较大的促进作用，但区域外向区域内转移的现象不会在短期出现。尤其是"天然贸易伙伴国"之间达成的 FTAs，会有助于"友岸供应链"的形成，尽管也会引致较少的价值链转移效应。据此，我国应把握机遇期，从以下几个途径降低以美国主导的亚太区域合作浪潮中的"外部"身份影响：

首先，继续推进"一带一路"倡议，积极发展与共建国家的贸易和投资关系，并同时带动中西部地区的产业链转移与建设。在"一带一路"倡议下，我国不仅能够与共建国家签署自由贸易协定，也可以通过"政策沟通、道路联通、贸易畅通、货币流通、民心相通"的非制度化措施，更加灵活地通过便利性的政策协调和机构合作，开展与共建国家的经济合作。与此同时，"一带一路"建设，对沿线中西部省份的经济带动，势必会极大降低我国国内生产要素的流动成本，改善资源配置效率，从而强化国民

经济各部门之间的循环累积联系，有益于促进各地区间的分工与协作，形成合理的地区分工布局，完善我国国内东、中、西部省际供应链的建设。

其次，鼓励各种所有制大型跨国公司在全球范围内优化配置资源，坚持鼓励企业"走出去"，更加积极地深入国际分工，提升我国企业在全球价值链中的控制能力。跨国公司在全球价值链的形成中居于主导地位，其子公司、分公司的选址以及对合同制的合作供应商的选择，应在贸易成本、交易成本、核心技术、商业合作模式、销售渠道等多方面因素进行综合考量。鼓励我国各种所有制大型跨国公司积极"走出去"，形成自主产业链，这将有益于我国改变在价值链中的被动地位，实现价值链地位的提升。

再次，更加积极推进符合我国利益的自由贸易协定的谈判工作。应判断和辨别一项高标准国际经贸规则的关键少数主体，且优先与其谈判并达成协定，逐步推动开放；统筹优化我国自贸区布局，在选择自贸区伙伴时，应充分考量我国现有的区域或全球产业链关系。

最后，持续推进自由贸易园区及自由贸易试验区、自由贸易港的建设工作，主动降低贸易壁垒，简化贸易投资流程，实行更便利的通关程序，进一步推广负面清单管理制度。本书的研究表明，此种单边的主动降低贸易壁垒、减少交易成本的措施，能促进区域内其他自由贸易协定对"价值链转移"产生相对抑制的作用，因而是我国当前面对亚太区域一体化潮流，积极应对、主动开放的有效措施之一。

参 考 文 献

一、中文部分

[1] 鲍晓华. 技术性贸易壁垒的双重性质及甄别机制 [J]. 财贸经济, 2005 (10): 68-72+97

[2] 蔡宏波; 黄建忠. 国外自由贸易协定研究新进展 [J]. 国际贸易问题, 2008 (07), 119-123.

[3] 曹亮, 蒋洪斌, 陈小鸿. CAFTA 的贸易创造和贸易转移效应研究 [J]. 宏观经济研究, 2013, (06): 29-34+71.

[4] 陈强. 高级计量经济学及 stata 应用(第 2 版) [M]. 北京: 高等教育出版社, 2014.

[5] 陈淑梅, 高敬云. 后 TPP 时代全球价值链的重构与区域一体化的深化 [J]. 世界经济与政治论坛, 2017 (04): 124-144.

[6] 东艳. 全球贸易规则的发展趋势与中国的机遇 [J]. 国际经济评论, 2014 (01): 45-64+5.

[7] 董有德, 赵星星. 自由贸易协定能够促进我国企业的对外直接投资吗——基于跨国公司知识—资本模型的经验研究 [J]. 国际经贸探索, 2014, 30 (03): 44-61.

[8] 樊纲, 王小鲁, 朱恒鹏. 中国市场化指数——各地区市场化相对进程报告 [M]. 北京: 经济科学出版社, 2022.

[9] 高丹, 王栋. 美国对华经贸政策新趋势与中国应对——以"友岸外包供应链"为视角 [J]. 国际贸易, 2023, (08): 23-32.

[10] 韩剑, 许亚云. RCEP 及亚太区域贸易协定整合——基于协定文

本的量化研究 [J]. 中国工业经济, 2021 (07): 81-99.

[11] 韩剑, 刘逸群, 郑航. 深度区域贸易协定的第三方效应与企业出口存续: 信息成本的视角 [J]. 经济研究, 2024, 59 (03): 166-184.

[12] 江小涓, 孟丽君. 内循环为主、外循环赋能与更高水平双循环——国际经验与中国实践 [J]. 管理世界, 2021, 37 (01): 1-19.

[13] 李磊, 盛斌, 刘斌. 全球价值链参与对劳动力就业及其结构的影响 [J]. 国际贸易问题, 2017 (07): 27-37.

[14] 廖秋子. TBT协定"国际标准"的法律解释及其改进路径 [J]. 法律适用, 2017 (13): 111-116.

[15] 林创伟, 白洁, 何传添. 高标准国际经贸规则解读、形成的挑战与中国应对——基于美式、欧式、亚太模板的比较分析 [J]. 国际经贸探索, 2022, 38 (11): 95-112.

[16] 刘斌, 魏倩, 吕越, 祝坤福. 制造业服务化与价值链升级 [J]. 经济研究, 2016, 51 (03): 151-162.

[17] 刘庆林, 高越, 韩军伟. 国际生产分割的生产率效应 [J]. 经济研究, 2010, 45 (02): 32-43+108.

[18] 刘志中, 陈迁影. 数字贸易规则与服务出口二元边际: 基于RTA文本的量化研究 [J]. 世界经济研究, 2022, (09): 34-47+135-136.

[19] 刘志彪, 张少军. 中国地区差距及其纠偏: 全球价值链和国内价值链的视角 [J]. 学术月刊, 2008 (05): 49-55.

[20] 刘遵义, 陈锡康, 杨翠红, Leonard K. Cheng, K. C. Fung, Yun-Wing Sung, 祝坤福, 裴建锁, 唐志鹏. 非竞争型投入占用产出模型及其应用——中美贸易顺差透视 [J]. 中国社会科学, 2007 (05): 91-103+206-207.

[21] 马盈盈, 盛斌. 全球价值链视角下中国总进口的增加值分解 [J]. 世界经济研究, 2017 (12): 118-131+134.

[22] 倪红福. 全球价值链中的累积关税成本率及结构: 理论与实证

[J]. 经济研究, 2020, 55 (10): 89-105.

[23] 丘东晓. 自由贸易协定理论与实证研究综述 [J]. 经济研究, 2011, 46 (09): 147-157.

[24] 全毅. CPTPP 与 RCEP 协定框架及其规则比较 [J]. 福建论坛 (人文社会科学版), 2022 (05): 53-65.

[25] 全毅. 国际经贸规则重构与 WTO 改革前景 [J]. 经济学家, 2023 (01): 109-118.

[26] 商务部. 解读《区域全面经济伙伴关系协定》[J]. 中国外资, 2020 (23): 14-17.

[27] 盛斌, 段然. TPP 投资新规则与中美双边投资协定谈判 [J]. 国际经济评论, 2016 (05): 9-30+4.

[28] 盛斌, 果婷. "一带一路" 倡议与 APEC 区域经济合作 [J]. 亚太经济, 2017 (02): 5-10+173.

[29] 盛斌, 果婷. 亚太地区自由贸易协定条款的比较及其对中国的启示 [J]. 亚太经济, 2014 (02): 94-101

[30] 盛斌, 宗伟. 特朗普主义与反全球化迷思 [J]. 南开学报 (哲学社会科学版), 2017 (05): 38-49.

[31] 盛斌. 美国视角下的亚太区域一体化新战略与中国的对策选择——透视"泛太平洋战略经济伙伴关系协议"的发展 [J]. 南开学报 (哲学社会科学版), 2010 (04): 70-80.

[32] 盛斌. 迎接国际贸易与投资新规则的机遇与挑战 [J]. 国际贸易, 2014 (02): 4-9.

[33] 盛斌, 苏丹妮, 邵朝对. 全球价值链、国内价值链与经济增长: 替代还是互补 [J]. 世界经济, 2020, 43 (04): 3-27.

[34] 盛斌, 毛其淋. 贸易开放、国内市场一体化与中国省际经济增长: 1985—2008 年 [J]. 世界经济, 2011 (11): 44-66.

[35] 石静霞. 国际贸易投资规则的再构建及中国的因应 [J]. 中国社会科学, 2015 (09): 128-145+206.

[36] 石静霞. 数字经济背景下的WTO电子商务诸边谈判：最新发展及焦点问题 [J]. 东方法学, 2020 (02)：170-184.

[37] 苏庆义, 王睿雅. 中国加入CPTPP：一个统一框架的分析 [J]. 东北师大学报（哲学社会科学版）, 2021 (03)：63-72.

[38] 唐东波. 市场规模、交易成本与垂直专业化分工——来自中国工业行业的证据 [J]. 金融研究, 2013 (05)：181-193.

[39] 田巍, 余淼杰. 中间品贸易自由化和企业研发：基于中国数据的经验分析 [J]. 世界经济, 2014, 37 (06)：90-112.

[40] 铁瑛, 黄建忠, 徐美娜. 第三方效应、区域贸易协定深化与中国策略：基于协定条款异质性的量化研究 [J]. 经济研究, 2021, 56 (01)：155-171.

[41] 王开, 靳玉英. 全球FTA网络形成机制研究 [J]. 财贸经济, 2013 (09)：103-111.

[42] 王珉. 中国贸易便利化发展战略——基于RCEP成员之间区域自贸协定的比较分析 [J]. 国际贸易, 2021 (02)：64-71.

[43] 王孝松, 吕越, 赵春明. 贸易壁垒与全球价值链嵌入——以中国遭遇反倾销为例 [J]. 中国社会科学, 2017 (01)：108-124+206-207.

[44] 夏杰长, 张雅俊. 数字贸易中跨境数据流动的规制困境与优化路径 [J]. 经济纵横, 2024 (04)：39-46.

[45] 行伟波, 李善同. 本地偏好、边界效应与市场一体化——基于中国地区间增值税流动数据的实证研究 [J]. 经济学（季刊）, 2009, 8 (04)：1455-1474.

[46] 行伟波, 李善同. 引力模型、边界效应与中国区域间贸易：基于投入产出数据的实证分析 [J]. 国际贸易问题, 2010 (10)：32-41.

[47] 徐毅, 张二震. 外包与生产率：基于工业行业数据的经验研究 [J]. 经济研究, 2008 (01)：103-113.

[48] 许亚云, 岳文, 韩剑. 高水平区域贸易协定对价值链贸易的影

响——基于规则文本深度的研究 [J]. 国际贸易问题, 2020 (12): 81-99.

[49] 杨继军, 艾玮炜. 区域贸易协定竞争政策、第三方信号效应对外资流入的影响 [J]. 国际贸易问题, 2023, 481 (01): 73-89.

[50] 银温泉, 才婉茹. 我国地方市场分割的成因和治理 [J]. 经济研究, 2001 (06): 3-12+95.

[51] 于鹏, 廖向临, 杜国臣. RCEP和CPTPP的比较研究与政策建议 [J]. 国际贸易, 2021 (08): 27-36.

[52] 余贺伟. 国际贸易形式变化与全球贸易法治: 从WTO到TPP [J]. 亚太经济, 2016 (06): 43-49.

[53] 余心玎, 杨军, 王苒, 王直. 全球价值链背景下中间品贸易政策的选择 [J]. 世界经济研究, 2016 (12): 47-59+133.

[54] 张少军, 李善同. 省际贸易对中国经济增长的贡献研究 [J]. 数量经济技术经济研究, 2017, 34 (02): 38-54.

[55] 赵忠秀, 郑休休. 全球价值链研究的新议程 [J]. 国际贸易问题, 2024 (01): 1-15.

[56] 钟立国. GATT1994第24条的历史与法律分析 [J]. 法学评论, 2003 (06): 41-47.

[57] 钟立国. 自由贸易协定竞争政策条款研究 [J]. 武大国际法评论, 2020, 4 (06): 37-54.

[58] 周国荣. 技术性贸易壁垒协议设计机理: 基于CPTPP、USMCA和RCEP的比较分析 [J/OL]. 国际经济评论, 2024 (01): 121-145.

[59] 周一星, 杨家文. 九十年代我国区际货流联系的变动趋势 [J]. 中国软科学, 2001 (06): 85-89.

二、英文部分

[1] Abadie A, Imbens G W. Large sample properties of matching estimators for average treatment effects [J]. Econometrica, 2006, 74 (1): 235-267.

[2] Aghion P, Antràs P, Helpman E. Negotiating free trade [J]. Journal of International Economics, 2007, 73 (1): 1 - 30.

[3] Anderson J E, Larch M, Yotov Y. Estimating general equilibrium trade policy effects: GE PPML [J]. 2015.

[4] Anderson J E, Van Wincoop E. Gravity with gravitas: a solution to the border puzzle [J]. American Economic Review, 2003, 93 (1): 170 - 192.

[5] Anderson J E, Van Wincoop E. Trade costs [J]. Journal of Economic Literature, 2004, 42 (3): 691 - 751.

[6] Anderson J E, Yotov Y V. Gold standard gravity [R]. National Bureau of Economic Research, 2012.

[7] Anderson J E, Yotov Y V. Terms of trade and global efficiency effects of free trade agreements, 1990 - 2002 [J]. Journal of International Economics, 2016 (99): 279 - 298.

[8] Anderson J E, Yotov Y V. The changing incidence of geography [J]. American Economic Review, 2010, 100 (5): 2157 - 2186.

[9] Anderson, James E. A theoretical foundation for the gravity equation [J]. The American Economic Review, 1979, 69 (1): 106 - 116.

[10] Ando M. Fragmentation and vertical intra - industry trade in East Asia [J]. The North American Journal of Economics and Finance, 2006, 17 (3): 257 - 281.

[11] Antràs P, de Gortari A. On the geography of global value chains [R]. National Bureau of Economic Research, 2017.

[12] Antràs P, Chor D. On the measurement of upstreamness and downstreamness in global value chains. World trade evolution: Growth, productivity and employment. 2018, 8 (5): 126 - 194.

[13] Antràs P, Fort T C, Tintelnot F. The margins of global sourcing: theory and evidence from US firms [J]. American Economic Review, 2017,

107 (9): 2514 – 2564.

[14] Antràs P, Staiger R W. Offshoring and the role of trade agreements [J]. American Economic Review, 2012, 102 (7): 3140 – 3183.

[15] Arkolakis C, Costinot A, Rodriguez – Clare A. New trade models, same old gains? [J]. American Economic Review, 2012, 102 (1): 94 – 130.

[16] Armington P S. A theory of demand for products distinguished by place of production [J]. Staff Papers, 1969, 16 (1): 159 – 178.

[17] Arndt S W. Super – Specialization and the Gains from Trade [J]. Contemporary Economic Policy, 1998, 16 (4): 480.

[18] Athukorala P, Yamashita N. Production fragmentation and trade integration: East Asia in a global context [J]. The North American Journal of Economics and Finance, 2006, 17 (3): 233 – 256.

[19] Augier P, Gasiorek M, Lai Tong C. The impact of rules of origin on trade flows [J]. Economic Policy, 2005, 20 (43): 568 – 624.

[20] Backus D, Kehoe P J, Kydland F E. Dynamics of the Trade Balance and the Terms of Trade: The S – curve [R]. National Bureau of Economic Research, 1992.

[21] Bagwell K, Staiger R W. An economic theory of GATT [J]. American Economic Review, 1999, 89 (1): 215 – 248.

[22] Bagwell K, Staiger R W. Multilateral tariff cooperation during the formation of free trade areas [J]. International Economic Review, 1997: 291 – 319.

[23] Bagwell K, Staiger R W. The design of trade agreements [M] // Handbook of Commercial Policy. North – Holland, 2016 (1): 435 – 529.

[24] Bagwell K, Staiger R W. The economics of the world trading system [M]. MIT Press, 2004.

[25] Baier S L, Bergstrand J H, Egger P, et al. Do economic integration

agreements actually work? Issues in understanding the causes and consequences of the growth of regionalism [J]. The World Economy, 2008, 31 (4): 461 - 497.

[26] Baier S L, Bergstrand J H, Feng M. Economic integration agreements and the margins of international trade [J]. Journal of International Economics, 2014, 93 (2): 339 - 350.

[27] Baier S L, Bergstrand J H. Bonus vetus OLS: A simple method for approximating international trade - cost effects using the gravity equation [J]. Journal of International Economics, 2009, 77 (1): 77 - 85.

[28] Baier S L, Bergstrand J H. Do free trade agreements actually increase members' international trade? [J]. Journal of International Economics, 2007, 71 (1): 72 - 95.

[29] Baier S L, Bergstrand J H. Economic determinants of free trade agreements [J]. Journal of international Economics, 2004, 64 (1): 29 - 63.

[30] Baier S L, Bergstrand J H. Estimating the effects of free trade agreements on international trade flows using matching econometrics [J]. Journal of international Economics, 2009, 77 (1): 63 - 76.

[31] Balassa, Bela. Trade Liberalization Among Industrial Countries. New York: McGraw Hill, 1967.

[32] Baldwin R E, Venables A J. Regional economic integration [J]. Handbook of international economics, 1995 (3): 1597 - 1644.

[33] Baldwin R E. Multilateralising regionalism: spaghetti bowls as building blocs on the path to global free trade [J]. The World Economy, 2006, 29 (11): 1451 - 1518.

[34] Baldwin R E. The causes of regionalism [J]. The World Economy, 1997, 20 (7): 865 - 888.

[35] Baldwin R, Low P, editors. Multilateralizing regionalism: challen-

ges for the global trading system. Cambridge University Press, 2009.

[36] Baldwin R, Taglioni D. Gravity chains: Estimating bilateral trade flows when parts and components trade is important [R]. National Bureau of Economic Research, 2011.

[37] Baldwin R. A domino theory of regionalism [R]. National bureau of economic research, 1993.

[38] Baldwin R. Big – think regionalism: a critical survey [R]. National Bureau of Economic Research, 2008.

[39] Baldwin R. Multilateralising 21st century regionalism, global forum on trade reconciling regionalism and multilateralism in a post – Bali world. Paris: OECD. Retrieved December. 2014.

[40] Baldwin R. E. Globalisation: the great unbundling (s) [J]. Economic Council of Finland, 2006, 20 (3): 5 – 47.

[41] Baldwin RE, McLaren J, Panagariya A. Regulatory protectionism, developing nations, and a two – tier world trade system [with comments and discussion]. InBrookings trade forum 2000 Jan 1 (pp. 237 – 293). Brookings Institution Press.

[42] Baldwin, Richard E. "21st Century Regionalism: Filling the gap between 21st century trade and 20th century trade rules." Available at SSRN 1869845 (2011).

[43] Bayoumi T, Eichengreen B. Ever closer to heaven? An optimum – currency – area index for European countries [J]. European economic review, 1997, 41 (3 – 5): 761 – 770.

[44] Bergstrand J H, Egger P. Gravity equations and economic frictions in the world economy [M] //Palgrave handbook of international trade. Palgrave Macmillan, London, 2013: 532 – 570.

[45] Bergstrand J H. Should TPP Be Formed? On the Potential Economic, Governance, and Conflict – Reducing Impacts of the Trans – Pacific Part-

nership Agreement [J]. 2016.

[46] Bergstrand J H. The generalized gravity equation, monopolistic competition, and the factor - proportions theory in international trade [J]. The review of economics and statistics, 1989: 143 - 153.

[47] Bergstrand J H. The gravity equation in international trade: some microeconomic foundations and empirical evidence [J]. The review of economics and statistics, 1985: 474 - 481.

[48] Bergstrand J H. The Heckscher - Ohlin - Samuelson model, the Linder hypothesis and the determinants of bilateral intra - industry trade [J]. The Economic Journal, 1990, 100 (403): 1216 - 1229.

[49] Bergstrand J H, Larch M, Yotov YV. Economic integration agreements, border effects, and distance elasticities in the gravity equation. European Economic Review. 2015, 8 (1): 307 - 327.

[50] Bernard A B, Eaton J, Jensen J B, et al. Plants and productivity in international trade [J]. American economic review, 2003, 93 (4): 1268 - 1290.

[51] Bhagwati J, Panagariya A. Preferential trading areas and multilateralism - strangers, friends, or foes [J]. Trading Blocs: Alternative Approaches to Analyzing Preferential Trade Agreements, 1999: 33 - 100.

[52] Borin A, Mancini M. Follow the value added: bilateral gross export accounting. Bank of Italy Temi Di Discussione (Working Paper) No. 2015 Jul 21; 1026.

[53] Borin A, Mancini M. Measuring what matters in global value chains and value - added trade. World Bank policy research working paper. 2019 Apr 4 (8804).

[54] Burstein A, Kurz C, Tesar L. Trade, production sharing, and the international transmission of business cycles [J]. Journal of Monetary Economics, 2008, 55 (4): 775 - 795.

[55] Caliendo L, Parro F. Estimates of the Trade and Welfare Effects of NAFTA [J]. The Review of Economic Studies, 2015, 82 (1): 1–44.

[56] Carballo, J. R., Handley, K., Limão, N., 2015. Trade collapse: the role of economic and policy uncertainty in the Great recession. In: Essays in Trade and Uncertainty. PhD dissertation, University of Maryland.

[57] Carrère C, Tumurchudur B, de Melo J. Disentangling market access effects for ASEAN members under an ASEAN – EU FTA [J]. 2008.

[58] Carrère C. Revisiting the effects of regional trade agreements on trade flows with proper specification of the gravity model [J]. European Economic Review, 2006, 50 (2): 223–247.

[59] Cattaneo O, Gereffi G, Miroudot S, et al. Joining, upgrading and being competitive in global value chains: a strategic framework [J]. 2013.

[60] Ceglowski, J., S. Golub, A. Mbaye, and V. Prasad. 2015. "Can Africa Compete with China in Manufacturing? The Role of Relative Unit Labor Costs." Working Paper 201504, Development Policy Research Unit, University of Cape Town, Cape Town, South Africa.

[61] Chakraborty B S. Trade in intermediate goods in a model with monopolistic competition [J]. Economica, 2003, 70 (279): 551–566.

[62] Chaney T. Distorted gravity: the intensive and extensive margins of international trade [J]. American Economic Review, 2008, 98 (4): 1707–1721.

[63] Chen M X, Mattoo A. Regionalism in standards: good or bad for trade? [J]. Canadian Journal of Economics/Revue canadienne d'économique, 2008, 41 (3): 838–863.

[64] Chen Q, Zhu K, Liu P, Chen X, Tian K, Yang L, Yang C. Distinguishing China's processing trade in the world input – output table and quantifying its effects. Economic Systems Research. 2019 Jul 3; 31 (3): 361–381.

[65] Chen X, Cheng LK, Fung KC, Lau LJ, Sung YW, Zhu K, Yang C, Pei J, Duan Y. Domestic value added and employment generated by Chinese exports: A quantitative estimation. China Economic Review. 2012 Dec 1; 23 (4): 850–864.

[66] Chor D. Unpacking sources of comparative advantage: A quantitative approach [J]. Journal of International Economics, 2010, 82 (2): 152–167.

[67] Clausing K A. Trade creation and trade diversion in the Canada–United States free trade agreement [J]. Canadian Journal of Economics/Revue canadienne d'économique, 2001, 34 (3): 677–696.

[68] Conconi P, García–Santana M, Puccio L, Venturini R. From final goods to inputs: the protectionist effect of rules of origin. American Economic Review. 2018 Aug 1; 108 (8): 2335–2365.

[69] Costinot A, Donaldson D, Komunjer I. What goods do countries trade? A quantitative exploration of Ricardo's ideas [J]. The Review of economic studies, 2011, 79 (2): 581–608.

[70] Costinot A, Donaldson D. How large are the gains from economic integration? theory and evidence from us agriculture, 1880–1997 [R]. National Bureau of Economic Research, 2016.

[71] Costinot A, Rodríguez–Clare A. Trade theory with numbers: Quantifying the consequences of globalization [M] //Handbook of international economics. Elsevier, 2014 (4): 197–261.

[72] Costinot A, Vogel J, Wang S. An elementary theory of global supply chains [J]. Review of Economic Studies, 2012, 80 (1): 109–144.

[73] Dai M, Yotov YV, Zylkin T. On the trade–diversion effects of free trade agreements. Economics Letters. 2014, 122 (2): 321–325.

[74] Damuri Y R, Institut de hautes études internationales et du développement. Centre for Trade, Economic Integration. 21st century regionalism

and production sharing practice [M]. Graduate Institute of International and Development Studies, 2012.

[75] Damuri YR. 21st century regionalism and production sharing practice. Center for Trade and Economic Integration Working Paper No. CTEI - 2012 - 4.

[76] Daudin G, Rifflart C, Schweisguth D. Who produces for whom in the world economy? [J]. Canadian Journal of Economics/Revue canadienne d'économique, 2011, 44 (4): 1403 - 1437.

[77] David Dollar, José Guilherme Reis, 王直: 全球价值链发展报告2017——全球价值链对经济发展的影响: 核算与分析, 社会科学文献出版社, 2018.

[78] De La Cruz J, Koopman RB, Wang Z, Wei SJ. Estimating Foreign Value - added in Mexico's Manufacturing Exports. US Internat. Trade Commission, Office of Economics; 2011 Mar 15.

[79] Deardorff A V. Determinants of bilateral trade: does gravity work in a neoclassical world? [M] //Comparative Advantage, Growth, And The Gains From Trade And Globalization: A Festschrift in Honor of Alan V Deardorff. 2011: 267 - 293.

[80] Deardorff A V. Fragmentation in simple trade models [J]. The North American Journal of Economics and Finance, 2001, 12 (2): 121 - 137.

[81] Deaton A, Muellbauer J. Economics and consumer behavior [M]. Cambridge university press, 1980.

[82] Diakantoni, A., H. Escaith, M. Roberts, and T. Verbeet. 2017. "Accumulating Trade Costs and Competitiveness in Global Value Chains." World Trade Organization (WTO) Working Paper Economic Research and Statistics Division (ERSD) 2017 - 2, WTO, Geneva.

[83] Dietzenbacher E, Van Burken B, Kondo Y. Hypothetical extractions

from a global perspective. Economic Systems Research. 2019, 31 (4): 505 – 519.

[84] Diez F. The Asymmetric Effects of Tariffs on Offshoring Industries: How North/South Tariffs Affect Intra – Firm Trade [J]. University of Wisconsin – Madison mimeo, 2008.

[85] Dixit A K, Grossman G M. Trade and protection with multistage production [J]. The Review of Economic Studies, 1982, 49 (4): 583 – 594.

[86] Dixit A K, Stiglitz J E. Monopolistic competition and optimum product diversity [J]. The American Economic Review, 1977, 67 (3): 297 – 308.

[87] Dornbusch R, Fischer S, Samuelson P A. Comparative advantage, trade, and payments in a Ricardian model with a continuum of goods [J]. The American Economic Review, 1977, 67 (5): 823 – 839.

[88] Eaton J, Kortum S, Neiman B, et al. Trade and the global recession [J]. American Economic Review, 2016, 106 (11): 3401 – 3438.

[89] Eaton J, Kortum S. Technology, geography, and trade [J]. Econometrica, 2002, 70 (5): 1741 – 1779.

[90] Eaton J, Tamura A. Bilateralism and regionalism in Japanese and US trade and direct foreign investment patterns [J]. Journal of the Japanese and international economies, 1994, 8 (4): 478 – 510.

[91] Ederington J, Ruta M. Nontariff measures and the world trading system [M] //Handbook of Commercial Policy. North – Holland, 2016, 1: 211 – 277.

[92] Egger H, Egger P, Greenaway D. The trade structure effects of endogenous regional trade agreements [J]. Journal of international Economics, 2008, 74 (2): 278 – 298.

[93] Egger H, Egger P. Cross – border sourcing and outward processing in EU manufacturing [J]. The North American Journal of Economics and Fi-

nance, 2001, 12 (3): 243-256.

[94] Egger P, Larch M, Staub K E, et al. The trade effects of endogenous preferential trade agreements [J]. American Economic Journal: Economic Policy, 2011, 3 (3): 113-143.

[95] Egger P, Pfaffermayr M. The determinants of intrafirm trade: in search for export-import magnification effects [J]. Review of World Economics, 2005, 141 (4): 648-669.

[96] Egger P. An econometric view on the estimation of gravity models and the calculation of trade potentials [J]. The World Economy, 2002, 25 (2): 297-312.

[97] Engman M, Onodera O, Pinali E. Export processing zones: Past and future role in trade and development [R]. OECD Publishing, 2007.

[98] Estevadeordal A, Freund C, Ornelas E. Does regionalism affect trade liberalization toward nonmembers? [J]. The Quarterly Journal of Economics, 2008, 123 (4): 1531-1575.

[99] Ethier W J. National and international returns to scale in the modern theory of international trade [J]. The American Economic Review, 1982, 72 (3): 389-405.

[100] Fally T, Hillberry R. A Coasian Model of International Production Chains [J]. 2017.

[101] Feenstra R C, Hanson G H. The impact of outsourcing and high-technology capital on wages: estimates for the United States, 1979-1990 [J]. The Quarterly Journal of Economics, 1999, 114 (3): 907-940.

[102] Feenstra R C. Advanced international trade: theory and evidence [M]. Princeton university press, 2015.

[103] Feenstra R C. Integration of trade and disintegration of production in the global economy [J]. Journal of economic Perspectives, 1998, 12 (4): 31-50.

[104] Felbermayr G, Groeschl J, Heiland I. Complex Europe: Quantifying the cost of disintegration. Journal of International Economics. 2022 Sep 1; 138: 103647.

[105] Feridhanusetyawan T. Preferential trade agreements in the Asia – Pacific Region [M]. International Monetary Fund, 2005.

[106] Fontagné L, Rocha N, Ruta M, Santoni G. The Economic Impact of Deepening Trade Agreements. The World Bank Economic Review. 2023 Aug; 37 (3): 366 –388.

[107] Foster N, Poeschl J, Stehrer R. The impact of Preferential Trade Agreements on the margins of international trade [J]. Economic Systems, 2011, 35 (1): 84 –97.

[108] Frankel J A, Stein E, Wei S J. Regional trading blocs in the world economic system [M]. Peterson Institute, 1997.

[109] Freund C, Ornelas E. Regional trade agreements [J]. Annu. Rev. Econ. , 2010, 2 (1): 139 –166.

[110] Fugazza M, Nicita A. The value of preferential market access [J]. UNCTAD Blue series on Policy Issues in International Trade and Commodities, 2010.

[111] Fugazza, Marco, and Alessandro Nicita. "The direct and relative effects of preferential market access." Journal of International Economics 89. 2 (2013): 357 –368.

[112] Giammetti R. Tariffs, domestic import substitution and trade diversion in input – output production networks: an exercise on Brexit. Economic Systems Research. 2020, 32 (3): 318 –350.

[113] Girma S, Görg H. Outsourcing, Foreign Ownership, and Productivity: Evidence from UK Establishment – level Data [J]. Review of International Economics, 2004, 12 (5): 817 –832.

[114] Greaney TM, Kiyota K. The gravity model and trade in intermediate

inputs. The World Economy. 2020 Aug; 43 (8): 2034 – 2049.

[115] Green H A J. Aggregation in economic analysis [M]. Princeton University Press, 2015.

[116] Grossman G M, Helpman E. Outsourcing in a global economy [J]. The Review of Economic Studies, 2005, 72 (1): 135 – 159.

[117] Grossman G M, Helpman E. Technology and trade [J]. Handbook of international economics, 1995, 3: 1279 – 1337.

[118] Grossman G M, Rossi – Hansberg E. The rise of offshoring: it's not wine for cloth anymore [J]. The new economic geography: effects and policy implications, 2006: 59 – 102.

[119] Grossman G M, Rossi – Hansberg E. Trading tasks: A simple theory of offshoring [J]. American Economic Review, 2008, 98 (5): 1978 – 1997.

[120] Grossman G M, Rossi – Hansberg E. Task trade between similar countries [J]. Econometrica, 2012, 80 (2): 593 – 629.

[121] Grossman GM. The theory of domestic content protection and content preference. The Quarterly Journal of Economics. 1981 Nov 1; 96 (4): 583 – 603.

[122] Grossman S J, Hart O D. The costs and benefits of ownership: A theory of vertical and lateral integration [J]. Journal of political economy, 1986, 94 (4): 691 – 719.

[123] Handley, K., Limão, N., 2013. Policy uncertainty, trade and welfare: theory and evidence for China and the US. NBER Working Paper 19376.

[124] Hayakawa K, Ito T, Kimura F. Trade creation effects of regional trade agreements: tariff reduction versus non – tariff barrier removal. Review of Development Economics. 2016, 20 (1): 317 – 326.

[125] Hayakawa K, Laksanapanyakul N, Mukunoki H. The trade effect

of regional trade agreements in the presence of duty drawbacks. The World Economy. 2024.

[126] Hayakawa K, Urata S, Yoshimi T. Choosing between multiple regional trade agreements: Evidence from Japan's imports. Review of International Economics. 2019, 27 (2): 578 – 593.

[127] Hayakawa K, Mukunoki H. The magnification effect in global value chains. Review of International Economics. 2023, 31 (1): 141 – 157.

[128] Hayakawa K. Multiple preference regimes and rules of origin. Review of world economics. 2023, 159 (3): 673 – 696.

[129] Head K, Mayer T, Melitz M. The Laffer curve for rules of origin. Journal of International Economics. 2024 (150): 103911.

[130] Head K, Mayer T. Gravity equations: Workhorse, toolkit, and cookbook [M] //Handbook of international economics. Elsevier, 2014 (4): 131 – 195.

[131] Head K, Ries J. Increasing returns versus national product differentiation as an explanation for the pattern of US – Canada trade [J]. American Economic Review, 2001, 91 (4): 858 – 876.

[132] Heckman J J. Sample selection bias as a specification error (with an application to the estimation of labor supply functions) [J]. 1977.

[133] Heid B, Larch M, Yotov YV. Estimating the effects of non – discriminatory trade policies within structural gravity models. Canadian Journal of Economics/Revue canadienne d'économique. 2021 Feb; 54 (1): 376 – 409.

[134] Helliwell J F. National borders, trade and migration [J]. Pacific Economic Review, 1997, 2 (3): 165 – 185.

[135] Helpman E, Krugman P R. Market structure and foreign trade: Increasing returns, imperfect competition, and the international economy [M]. MIT press, 1985.

[136] Helpman E, Melitz M, Rubinstein Y. Estimating trade flows:

Trading partners and trading volumes [J]. The Quarterly Journal of Economics, 2008, 123 (2): 441 –487.

[137] Helpman E. Imperfect competition and international trade: evidence from fourteen industrial countries [J]. Journal of the Japanese and international economies, 1987, 1 (1): 62 –81.

[138] Helpman E. International trade in the presence of product differentiation, economies of scale and monopolistic competition: a Chamberlin – Heckscher – Ohlin approach [J]. Journal of international economics, 1981, 11 (3): 305 –340.

[139] Hoekman B, Martin W J, Primo Braga C A. Quantifying the value of preferences and potential erosion losses [J]. World Bank, 2008.

[140] Hofmann C, Osnago A, Ruta M. Horizontal depth: a new database on the content of preferential trade agreements [J]. 2017.

[141] Hofmann C, Osnago A, Ruta M. The content of preferential trade agreements. World Trade Review. 2019, 18 (3): 365 –398.

[142] Hopenhayn H A. Entry, exit, and firm dynamics in long run equilibrium [J]. Econometrica: Journal of the Econometric Society, 1992: 1127 –1150.

[143] Horn H, Mavroidis P C, Sapir A. Beyond the WTO? An anatomy of EU and US preferential trade agreements [J]. The World Economy, 2010, 33 (11): 1565 –1588.

[144] Hummels D, Ishii J, Yi K M. The nature and growth of vertical specialization in world trade [J]. Journal of international Economics, 2001, 54 (1): 75 –96.

[145] Hummels D, Levinsohn J. Monopolistic competition and international trade: reconsidering the evidence [J]. The Quarterly Journal of Economics, 1995, 110 (3): 799 –836.

[146] Hummels D, Rapoport D, Yi K M. Vertical specialization and the

changing nature of world trade [J]. 1998.

[147] Johnson R C, Noguera G. A Portrait of Trade in Value – Added over Four Decades [J]. Review of Economics and Statistics, 2017, 99 (5): 896 –911.

[148] Johnson R C, Noguera G. Accounting for intermediates: Production sharing and trade in value added [J]. Journal of international Economics, 2012, 86 (2): 224 –236.

[149] Jones, L., Wang, Z., Degain, C. and Li, X., 2016. The similarities and differences among three major inter – country input – output databases and their implications for trade in value – added estimates.

[150] Kee H L, Neagu C, Nicita A. Is protectionism on the rise? Assessing national trade policies during the crisis of 2008 [J]. Review of Economics and Statistics, 2013, 95 (1): 342 –346.

[151] Kemp M C, Wan H. An elementary proposition concerning the formation of customs unions [J]. 1976.

[152] Kepaptsoglou K, Karlaftis M G, Tsamboulas D. The gravity model specification for modeling international trade flows and free trade agreement effects: a 10 –year review of empirical studies [J]. The open economics journal, 2010, 3 (1).

[153] King R G, Plosser C I, Rebelo S T. Production, growth and business cycles: I. The basic neoclassical model [J]. Journal of monetary Economics, 1988, 21 (2 –3): 195 –232.

[154] Kohl T, Brakman S, Garretsen H. Do trade agreements stimulate international trade differently? Evidence from 296 trade agreements [J]. The World Economy, 2016, 39 (1): 97 –131.

[155] Koopman R, Powers W, Wang Z, et al. Give credit where credit is due: Tracing value added in global production chains [R]. National Bureau of Economic Research, 2010.

[156] Koopman R, Wang Z, Wei S J. Estimating domestic content in exports when processing trade is pervasive [J]. Journal of development economics, 2012, 99 (1): 178 – 189.

[157] Koopman R, Wang Z, Wei S J. Tracing Value – added and Double Counting in Gross Exports [R]. National Bureau of Economic Research, 2012.

[158] Koopman R, Wang Z, Wei S J. Tracing value – added and double counting in gross exports [J]. American Economic Review, 2014, 104 (2): 459 – 494.

[159] Koopman R, Wang Z, Wei SJ. Estimating domestic content in exports when processing trade is pervasive. Journal of development economics. 2012 Sep 1; 99 (1): 178 – 189.

[160] Krishna K. Understanding rules of origin [R]. National Bureau of Economic Research, 2005.

[161] Krishna P. Are regional trading partners "natural"? [J]. Journal of Political Economy, 2003, 111 (1): 202 – 226.

[162] Krueger A O. Trade creation and trade diversion under NAFTA [R]. National bureau of economic research, 1999.

[163] Krugman P, Venables A J. Globalization and the Inequality of Nations [J]. The quarterly journal of economics, 1995, 110 (4): 857 – 880.

[164] Krugman P, Venables A J. Integration, specialization, and adjustment [J]. European economic review, 1996, 40 (3 – 5): 959 – 967.

[165] Krugman P. Scale economies, product differentiation, and the pattern of trade [J]. The American Economic Review, 1980, 70 (5): 950 – 959.

[166] Krugman P. The move toward free trade zones. Economic Review. 1991, 76 (6): 5.

[167] Krugman P. The move toward free trade zones [J]. Economic Re-

view – Federal Reserve Bank of Kansas City, 1991, 76 (6): 5.

[168] Laget E, Osnago A, Rocha N, Ruta M. Deep trade agreements and global value chains. Review of Industrial Organization. 2020, 57 (2): 379–410.

[169] Larch M, Wanner J, Yotov YV. Bi – and Unilateral trade effects of joining the Euro. Economics Letters. 2018, 10 (171): 230–234.

[170] Lee J W, Park I, Shin K. Proliferating regional trade arrangements: Why and whither? [J]. The World Economy, 2008, 31 (12): 1525–1557.

[171] Lee J W, Shin K. Does regionalism lead to more global trade integration in East Asia? [J]. The North American Journal of Economics and Finance, 2006, 17 (3): 283–301.

[172] Lee W, Mulabdic A, Ruta M. Third – country effects of regional trade agreements: A firm – level analysis. Journal of International Economics. 2023 Jan 1; 140: 103688.

[173] Leung J Y. Bilateral vertical specialization between the US and its trade partners—before and after the free trade agreements [J]. International Review of Economics & Finance, 2016 (45): 177–196.

[174] Limão N. Preferential trade agreements [M] //Handbook of commercial policy. North – Holland, 2016 (1): 279–367.

[175] Looi Kee H, Nicita A, Olarreaga M. Estimating trade restrictiveness indices [J]. The Economic Journal, 2009, 119 (534): 172–199.

[176] Los B, Timmer MP, De Vries GJ. Tracing value – added and double counting in gross exports: Comment. American Economic Review. 2016 Jul 1; 106 (7): 1958–1966.

[177] Low P, Piermartini R, Richtering J. Multilateral solutions to the erosion of nonreciprocal preferences in nonagricultural market access [J]. Trade Preference Erosion: Measurement and Policy Response, 2009: 219.

[178] López González J. Vertical specialisation and new regionalism [D]. University of Sussex, 2012.

[179] Magee C S P. New measures of trade creation and trade diversion [J]. Journal of International Economics, 2008, 75 (2): 349-362.

[180] Magee C S. Endogenous preferential trade agreements: An empirical analysis [J]. Contributions in Economic Analysis & Policy, 2003, 2 (1): 22-75.

[181] Mansfield E D, Reinhardt E. Multilateral determinants of regionalism: The effects of GATT/WTO on the formation of preferential trading arrangements [J]. International organization, 2003, 57 (4): 829-862.

[182] Markusen J R. Explaining the volume of trade: an eclectic approach [J]. The American Economic Review, 1986: 1002-1011.

[183] Mattoo A, Mulabdic A, Ruta M. Trade creation and trade diversion in deep agreements. Canadian Journal of Economics/Revue canadienne d'économique. 2022, 55 (3): 1598-1637.

[184] Mattoo A, Rocha N, Ruta M, editors. Handbook of deep trade agreements. World Bank Publications; 2020.

[185] Melitz M J, Ottaviano G I P. Market size, trade, and productivity [J]. The review of economic studies, 2008, 75 (1): 295-316.

[186] Melitz M J. The impact of trade on intra-industry reallocations and aggregate industry productivity [J]. Econometrica, 2003, 71 (6): 1695-1725.

[187] Moxnes A, Johnson R C. Technology, Trade Costs, and the Pattern of Trade with Multistage Production [J]. 2016.

[188] Muradov K. Trade costs and borders in global value chains. Review of World Economics. 2017 Aug; 153 (3): 487-509.

[189] Muradov K. Towards input-output-based measurements of trade creation and trade diversion. The World Economy. 2021, 44 (6): 1814-1841.

[190] Mölders F, Volz U. Trade creation and the status of FTAs: empirical evidence from East Asia [J]. Review of World Economics, 2011, 147 (3): 429-456.

[191] Noguera G. Trade costs and gravity for gross and value added trade. Job Market Paper, Columbia University. 2012: 4.

[192] Olivero M P, Yotov Y V. Dynamic gravity: endogenous country size and asset accumulation [J]. Canadian Journal of Economics/Revue canadienne d'économique, 2012, 45 (1): 64-92.

[193] Olsen R J. A least squares correction for selectivity bias [J]. Econometrica: Journal of the Econometric Society, 1980: 1815-1820.

[194] Orefice G, Rocha N. Deep integration and production networks: an empirical analysis. The World Economy. 2014, 37 (1): 106-136.

[195] Ornelas E, Turner J L. Trade liberalization, outsourcing, and the hold-up problem [J]. Journal of International Economics, 2008, 74 (1): 225-241.

[196] Ornelas E, Turner JL, Bickwit G. Preferential trade agreements and global sourcing. Journal of International Economics. 2021 Jan 1; 128: 103395.

[197] Ornelas E, Turner JL. The costs and benefits of rules of origin in modern free trade agreements. Journal of International Economics. 2024 Jan 1; 147: 103874.

[198] Osnago A, Rocha N, Ruta M. Deep Agreements and Global Value Chains [J]. Global Value Chain Development Report 2016.

[199] Osnago A, Rocha N, Ruta M. Deep trade agreements and vertical FDI: The devil is in the details. Canadian Journal of Economics/Revue canadienne d'économique. 2019 Nov; 52 (4): 1558-1599.

[200] Panagariya A, Krishna P. On necessarily welfare-enhancing free trade areas [J]. Journal of International Economics, 2002, 57 (2): 353-367.

[201] Prusa TJ, Teh R, Zhu M. PTAs and the incidence of antidumping disputes. Journal of International Economics. 2022 Sep 1; 138: 103630.

[202] Redding S, Venables A J. Economic geography and international inequality [J]. Journal of international Economics, 2004, 62 (1): 53 – 82.

[203] Rodrik D. How far will international economic integration go? [J]. Journal of Economic Perspectives, 2000, 14 (1): 177 – 186.

[204] Romalis J. NAFTA's and CUSFTA's Impact on International Trade [J]. The Review of Economics and Statistics, 2007, 89 (3): 416 – 435.

[205] Romer P M. Growth based on increasing returns due to specialization [J]. The American Economic Review, 1987, 77 (2): 56 – 62.

[206] Rose A K, Van Wincoop E. National money as a barrier to international trade: The real case for currency union [J]. American Economic Review, 2001, 91 (2): 386 – 390.

[207] Rose A K. Do we really know that the WTO increases trade? [J]. American Economic Review, 2004, 94 (1): 98 – 114.

[208] Roy J. Do Customs Union Members Engage in More Bilateral Trade than Free – Trade Agreement Members? [J]. Review of International Economics, 2010, 18 (4): 663 – 681.

[209] Ruta M. Preferential Trade Agreements and Global Value Chains [J]. 2017.

[210] Samuelson P A. International trade and the equalisation of factor prices [J]. The Economic Journal, 1948, 58 (230): 163 – 184.

[211] Sanyal K K. Vertical specialization in a Ricardian model with a continuum of stages of production [J]. Economica, 1983, 50 (197): 71 – 78.

[212] Silva J M C S, Tenreyro S. Currency unions in prospect and retrospect [J]. Annu. Rev. Econ., 2010, 2 (1): 51 – 74.

[213] Silva J M C S, Tenreyro S. The log of gravity [J]. The Review of Economics and statistics, 2006, 88 (4): 641 – 658.

[214] Smith A. The wealth of nations, Book 1 [J]. London, Methuen & Co, 1776.

[215] Soloaga I, Winters L A. How Has Regionalism in the 1990s Affected Trade? [J]. 1995.

[216] Staiger R W, Sykes A O. 'Currency manipulation' and world trade [J]. World Trade Review, 2010, 9 (4): 583 – 627.

[217] Staiger R W. A world trading system for the twenty – first century. National Bureau of Economic Research; 2021 Jun 28.

[218] Stigler G J. The Division of Labor is Limited by the Extent of the Market [J]. Journal of political economy, 1951, 59 (3): 185 – 193.

[219] Tinbergen J, Hekscher A. Shaping the World Economy. Suggestions for an International Economic Policy. [With Forew. Bf A. Hekscher] [M]. Twentieth Century Fund, 1962.

[220] Tirole J. The theory of industrial organization [M]. MIT press, 1988.

[221] Trade E. Valuing growth opportunities [C] //World Economic Forum. 2013.

[222] Trefler D. The long and short of the Canada – US free trade agreement [J]. American Economic Review, 2004, 94 (4): 870 – 895.

[223] Tucker I B, Wilder R P. Trends in vertical integration in the US manufacturing sector [J]. The Journal of Industrial Economics, 1977: 81 – 94.

[224] UNCTAD WTO. A practical guide to trade policy analysis [C] // United Nations Conference on Trade and Development and World Trade Organisation. 2012.

[225] Viner J. The Customs Union Issue. Carnegie Endowment for International Peace [J]. New York, 1950.

[226] Wang Z, Wei S J, Yu X, et al. Characterizing Global Value

Chains [J]. Stanford Center for International Development (SCID) Working Paper, 2016: 578.

[227] Wang Z, Wei S J, Zhu K. Quantifying international production sharing at the bilateral and sector levels [R]. National Bureau of Economic Research, 2013.

[228] Wei S J, Frankel J A. Open regionalism in a world of continental trade blocs [J]. Staff Papers, 1998, 45 (3): 440 – 453.

[229] Wei S J. Intra – national versus international trade: how stubborn are nations in global integration? [R]. National Bureau of Economic Research, 1996.

[230] Wonnacott R J. Free – trade agreements: For better or worse? [J]. The American Economic Review, 1996, 86 (2): 62 – 66.

[231] WTO, The WTO and preferential trade agreements: From co – existence to coherence, World Trade Report 2011.

[232] Yi K M. Can vertical specialization explain the growth of world trade? [J]. Journal of political Economy, 2003, 111 (1): 52 – 102.

[233] Yi K M. Can multistage production explain the home bias in trade?. American Economic Review. 2010 Mar; 100 (1): 364 – 393.

[234] Yotov Y V, Piermartini R, Monteiro J A, et al. An advanced guide to trade policy analysis: The structural gravity model [M]. World Trade Organization, 2016.

[235] Yotov YV. A simple solution to the distance puzzle in international trade. Economics Letters. 2012, 117 (3): 794 – 798.

附件 A

表 A.1　FTAs 原产地规则条款深度指标构建数据来源与说明

子指标序号	子指标含义	DTA 数据库指标	指标处理说明
01	能否基于出口商/生产商/进口商的自我认证来发放证书，而无须由主管机关进行认证？	roo_cer_sel	取值为 0 或 1
02	保存记录的期限有多长？	roo_cer_rec	对数据格式进行统一；标准化处理后取值在 0—1
03	是否允许小错不纠，不用重新申请原产地证书？	roo_cer_err	取值为 0 或 1
04	是否允许双边或部分累积或完全累积？	roo_cum_bil、roo_cum_ful	取值为 0 或 1
05	微小含量的百分比是多少？	roo_cum_dm2	对数据格式进行统一；标准化处理后取值在 0—1
06	是否包含吸收规则？	roo_cum_abs	取值为 0 或 1
07	是否包含特定产品的原产规则？	roo_vcr_psr	取值为 0 或 1
08	是否允许使用多种计算方法来确定区域价值含量？	roo_vcr_alt	取值为 0 或 1
09	当生产投入品是可替代商品时，协定是否允许原产地和非原产地商品的联合库存管理？	roo_fng	取值为 0 或 1
10	是否包含预裁定规定？	roo_adr	取值为 0 或 1
11	是否包含转运规定？	roo_trs	取值为 0 或 1
12	是否包含特定的审查和上诉机制？	roo_rev	取值为 0 或 1

资料来源：世界银行深度贸易协定（DTA）数据库。

表 A.2　FTAs 贸易便利化条款深度指标构建数据来源与说明

子指标序号	子指标含义	DTA 数据库指标	指标处理说明
01	透明度	prov_01（信息的发布和可用性）、prov_02（是否有网络出版）、prov_03（是否有查询点）、prov_04（是否有实施前发布会）、prov_05（是否有咨询贸易商/企业的义务）、prov_06（是否对拟议法规有发表评论的机会）、prov_07（是否有预先裁定）、prov_08（是否允许上诉）	加总并标准化处理后，取值在 0—1
02	费用及手续	prov_09（与进出口相关的费用和收费）、prov_10（处罚纪律）、prov_11（到货前处理）、prov_12（放行与许可分离）、prov_13（风险管理）、prov_14（清关后审核）、prov_15（发布时间）、prov_16（授权经营者）、prov_17（加急发货）、prov_18（海关及其他贸易便利化事宜方面的合作）、prov_19（简化/统一手续/程序）、prov_20（采用国际标准）、prov_21（单一窗口）、prov_22（PSI/目的地检验/装运后检验）、prov_23（报关行）	加总并标准化处理后，取值在 0—1
03	信息化互联	prov_37（是否有互连/兼容的海关/软件系统）、prov_52（单一窗口是否互可操作）	加总并标准化处理后，取值在 0—1
04	其他	prov_24（允许货物临时进境）、prov_25（货物过境自由）、prov_26（交换海关相关信息）、prov_27（技术援助和能力建设）、prov_28（海关处理费的具体规定）、prov_29（提前以电子格式提交信息或文件）、prov_30（电子支付关税）、prov_31（在规定期限内放行货物）、prov_32（AEO 的相互认可）、prov_33（是否承诺根据世界海关组织的《即时放行指南》）、prov_34（放行特别安排－易腐烂货物）、prov_35（边境机构之间的合作）、prov_36（支持文件副本）、prov_38（配合执法）、prov_39（交流最佳实践信息）、prov_40（国际论坛合作）、prov_49（通过咨询服务等提供支持）、prov_50（建立架构）、prov_51（建立机制）	加总并标准化处理后，取值在 0—1

资料来源：世界银行深度贸易协定（DTA）数据库。

表 A.3　FTAs 技术性贸易壁垒条款深度指标构建数据来源与说明

子指标序号	子指标含义	DTA 数据库指标	指标处理说明
01	标准的互认	prov_08（是否包含互相承认/等效性条款?）、prov_10（是否有实现互相承认的时间表?）	加总并标准化处理后，取值在 0—1
02	标准的协调	prov_12（是否规定了成员国应当协调的特定标准?）、prov_13（是否促进了区域标准的使用或制定?）、prov_14（是否促进了国际标准的使用?）	加总并标准化处理后，取值在 0—1
03	技术法规的互认	prov_17（是否包含互相承认/等效性条款?）、prov_19（是否有实现互相承认的时间表?）	加总并标准化处理后，取值在 0—1
04	技术法规的协调	prov_21（是否规定了成员国应当协调的特定标准?）、prov_22（是否促进了区域标准的使用或制定?）、prov_23（是否促进了国际标准的使用?）	加总并标准化处理后，取值在 0—1
05	符合评估的互认	prov_26（是否包含互相承认/等效性条款?）、prov_28（是否有实现互相承认的时间表?）、prov_29（各方是否参与国际或区域认证机构?）	加总并标准化处理后，取值在 0—1
06	符合评估的协调	prov_31（是否规定了成员国应当协调的特定标准?）、prov_32（是否促进了区域标准的使用或制定?）、prov_33（是否促进了国际标准的使用?）	加总并标准化处理后，取值在 0—1
07	透明度	prov_36（是否规定了评议的时间段?）、prov_37（评议的时间段是否超过 60 天?）、prov_39（是否有用于信息交换的联系点/咨询?）	加总并标准化处理后，取值在 0—1
08	执行	prov_42（是否设立了区域机构?）、prov_44（是否有区域争端解决机构?）、prov_45（是否存在磋商机制?）、prov_46（是否有发布建议的机制?）、prov_47（建议是否具有强制性?）	加总并标准化处理后，取值在 0—1

资料来源：世界银行深度贸易协定（DTA）数据库。

表 A.4　　FTAs 服务贸易条款深度指标构建数据来源与说明

子指标序号	子指标含义	DTA 数据库指标	指标处理说明
01	市场准入模式	s_lib_app（市场准入遵循什么方法？：A. 正面清单；B. 负面清单；C. 混合清单）	取值在 0—1，若为 A 则取值 1/3；若为 C 则取值 2/3；若为 B 则取值 1
02	是否有棘轮条款	s_lib_rat（是否有棘轮条款）	取值为 0 或 1
03	是否包含禁止技术转让要求	othdip_ttr（是否包含禁止强制执行与技术转让相关的绩效要求）	取值为 0 或 1
04	是否包含禁止本地含量要求	othdip_lcr（是否包含禁止将使用本地材料、劳动力或其他资源作为绩效要求的义务）	取值为 0 或 1
05	是否包含禁止高管国籍要求	othdip_sen（是否包含禁止高管国籍要求）	取值为 0 或 1
06	是否包含禁止本地存在要求	othdip_lpr（是否包含禁止将本地存在要求作为跨境提供服务的先决条件）	取值为 0 或 1
07	透明度	trans（是否有规定要求公布相关法律法规或向利害关系人提供法律法规？）、trans_app（是否有义务设立一个可以向其提出上诉的独立机构？）、trans_comm（是否有义务让利益相关方有机会对拟议的监管进行事先评论？）	加总并标准化处理后，取值在 0—1
08	争端解决机制	dispute（以下哪一项争议解决条款适用于此协议？ A. 国家间争端解决；B. 投资者与国家争端解决；C. 两者）	取值在 0—1，若为 A 则取值 0.5；若为 B 或 C 取值 1

资料来源：世界银行深度贸易协定（DTA）数据库。

表 A.5　FTAs 资本流动条款深度指标构建数据来源与说明

子指标序号	子指标含义	DTA 数据库指标	指标处理说明
01	资本是否能自由流入	prov_14（资本转移条款是否专门适用于与建立商业存在相关的转让?）、prov_15（转让条款是否专门适用于与资本出资相关的转让?）、prov_16（资本转移条款是否专门适用于与短期银行和信贷交易（流入）相关的转移?）、prov_17（资本转移条款是否专门适用于与证券/股权交易相关的转让?）	加总并标准化处理后，取值在 0—1
02	资本是否能自由流出	prov_19［资本转移条款是否专门适用于与利润、股息、利息（经常账户）相关的转移?］、prov_20［资本转移条款是否专门适用于与资本收益（资本账户）相关的转移?］、prov_21［资本转移条款是否专门适用于与投资收益汇回（资本账户）相关的转移?］、prov_22［资本转移条款是否专门适用于与特许权使用费相关的转移（经常账户）?］、prov_23［资本转移条款是否专门适用于与短期银行和信贷交易（流出）（经常账户和资本账户）相关的转移?］、prov_24（资本转移条款是否专门适用于与贷款协议或其他合同付款相关的转让?）、prov_25［资本转移条款是否专门适用于与资产出售（资本账户）汇回相关的转移?］	加总并标准化处理后，取值在 0—1
03	争端解决机制	prov_107（该协议是否为资本流动或转移提供国家间争端解决方案?）、prov_108［该协议是否为资本流动或转移提供投资者与国家争端解决（ISDS）?］、prov_113［争议解决条款是否确保仲裁员在处理与金融服务相关的争议时拥有专业知识?（是否要求仲裁员具备专业知识）］、prov_114［争端解决条款是否表明与审慎措施有关的争端可以移交给有关缔约方的金融监管机构?（是否允许审慎措施）］	加总并标准化处理后，取值在 0—1

资料来源：世界银行深度贸易协定（DTA）数据库。

表 A.6　FTAs 自然人移动条款深度指标构建数据来源与说明

子指标序号	子指标含义	DTA 数据库指标	指标处理说明
01	促进自然人流动	prov_16（该协议是否限制自然人临时入境申请的处理时间？）、prov_17（协议是否限制自然人临时入境申请的处理费用？）、prov_18（该协议是否鼓励各方在可能的情况下在线发布或以其他方式公开有关当前临时入境要求的信息？）、prov_19［该协议是否鼓励各方提供在线提交和处理（电子签证）设施？］、prov_20（协议是否提供入境/签证拒绝的解释机制？）、prov_21［该协议是否提供相互认可计划（关于资格、培训、工作经验）？］、prov_22（该协议是否提供签证延期或续签机制？）	加总并标准化处理后，取值在 0—1
02	自然人流动范围	prov_05（该协议是否涉及投资者的流动？）、prov_11（该协议是否涉及自然人家属的流动？）	加总并标准化处理后，取值在 0—1

资料来源：世界银行深度贸易协定（DTA）数据库。

表 A.7　FTAs 数据流动条款深度指标构建数据来源与说明

子指标序号	子指标含义	TAPED 数据库指标	指标处理说明
01	在电子商务章节是否包含数据流动条款	ec_data_flo_1_28_1	取值为 0 或 1
02	在通信章节是否包含数据流动条款	data_tel_3_1	取值为 0 或 1
03	在计算机或信息服务章节是否包含数据流动条款	data_crs_3_2	取值为 0 或 1
04	在视听章节是否包含数据流动条款	data_audiovisual_3_3	取值为 0 或 1
05	在金融章节是否包含数据流动条款	data_fin_ser_3_4	取值为 0 或 1
06	在知识产权章节是否包含数据流动条款	ip_copyright_elec_storage_4_20	取值为 0 或 1
07	是否包含数据流动障碍处理机制条款	ec_data_flo_mech_barr_1_28_2（电子商务章节是否存在处理数据流动障碍的机制）、data_flo_mech_barr_2_2（电子商务章节之外是否存在处理数据流动障碍的机制）	加总并标准化处理后，取值在 0—1
08	是否包含限制数据本地储存要求	ec_data_flo_lim_proh_loc__1_28_4（电子商务章节是否限制或禁止数据本地储存）、data_flo_lim_proh_loc__2_4（电子商务章节之外是否限制或禁止数据本地储存）	加总并标准化处理后，取值在 0—1

资料来源：卢塞恩大学区域贸易协定电子商务和数据条款（TAPED）数据库。

表 A.8　FTAs 知识产权保护条款深度指标构建数据来源与说明

子指标序号	子指标含义	DTA 数据库指标	指标处理说明
01	覆盖国际公约数量	prov_02［是否要求加入专利合作条约（1979年）］、prov_03（是否要求加入巴黎公约）、prov_04（是否要求加入伯尔尼公约）、prov_05（是否要求加入马德里议定书）、prov_06（是否要求加入布达佩斯条约）、prov_07（是否要求加入新加坡议定书）、prov_08（是否要求加入1991年UPOV公约）、prov_09（是否要求加入世界知识产权组织版权条约）、prov_10（是否要求加入世界知识产权组织表演和声音制品条约）、prov_11［是否要求加入专利法条约（2000年）］、prov_12［是否要求加入关于国际工业设计注册的海牙协定（1999年）］、prov_13［是否要求加入修改TRIPS协定的议定书（2005年）］、prov_14［是否要求加入罗马公约（1961年）］、prov_15［是否要求加入关于通过卫星传送节目携带信号分配的公约（1974年）］、prov_16［是否要求加入商标法条约（1994年）］	加总并标准化处理后，取值在0—1
02	透明度	prov_28（是否要求商标注册应向公众提供）、prov_29（是否要求地理标志注册应向公众提供）、prov_30（是否要求工业设计注册应向公众提供）、prov_31（是否要求新植物品种注册应向公众提供）、prov_32（是否要求专利申请、提交和/或授权应向公众提供）、prov_33（是否要求向公众提供所有相关的知识产权法律、法规、行政程序等）、prov_34（是否要求在互联网上提供所有相关的知识产权法律、法规、行政程序等）、prov_35（是否要求在互联网上提供有关知识产权申请的所有信息）	加总并标准化处理后，取值在0—1
03	商标保护	prov_37（是否禁止规定商标必须是可视的要求）、prov_38（是否规定必须符合商标保护的标志类型）、prov_39（是否提供商标包括集体和认证标志）、prov_40（是否要求商标所有人有权阻止第三方使用可能导致混淆的相同或类似标志）、prov_41（是否为公平使用等限制商标权提供有限例外）、prov_42（是否禁止规定商标必须在其他地方注册才被视为"著名"）、prov_43（是否禁止规定商标必须在其他地方被认可或注册为	

续表

子指标序号	子指标含义	DTA 数据库指标	指标处理说明
03	商标保护	"著名"商标才被视为"著名")、prov_44（是否承认关于保护著名商标的联合建议）、prov_45（是否提供拒绝或取消与著名商标相似或相同商标注册的适当措施）、prov_46（是否规定商标申请审查和/或反对的程序方面）、prov_47（是否规定取消注册商标的程序方面）、prov_48（是否要求电子商标系统）、prov_49（是否要求商标分类系统与 NICE 分类一致）、prov_50（是否为商标提供最低保护期限）、prov_51（是否禁止要求商标许可的记录以确定许可有效性或作为使用条件）	加总并标准化处理后，取值在0—1
04	地理标志保护	prov_53（是否指定由双方保护的地理标志列表，但受到有限例外的限制）、prov_54（是否规定地理标志可以通过商标系统进行注册和保护）、prov_55（是否规定了地理标志申请的审查和/或反对的程序方面的细节）、prov_56（是否规定了取消注册地理标志的程序细节）、prov_57（是否要求拒绝注册和/或使与受保护地理标志相对应的商标无效）、prov_58（是否指定符合特定规格的任何方都可以在不独立注册的情况下使用地理标志）、prov_59（是否规定了地理标志的保护范围）	加总并标准化处理后，取值在0—1
05	专利保护	prov_65（是否要求专利按照三步测试提供）、prov_66（是否要求对已知产品的新用途提供专利）、prov_67（是否要求对已知产品的新方法提供专利）、prov_68（是否要求对已知产品的新工艺提供专利）、prov_69（是否规定应在考虑专利申请时忽略公开披露信息中的宽限期）、prov_70（是否建立了一套可以从专利保护中被排除的可允许情况）、prov_71（是否规定专利撤销的允许原因）、prov_72（是否规定专利申请的规则）、prov_73（是否要求给予专利申请人修改、更正和观察的机会）、prov_74（是否要求公开有关待定专利申请的信息）、prov_75（是否要求对由于授权机构的不合理延迟而给予专利期调整）、prov_76（是否要求专利的特殊保护期）、prov_77（是否包括规定专利连接的规则）、prov_78（是否要求合作增强专利申请的搜索和审查结果的相互利用）	加总并标准化处理后，取值在0—1

续表

子指标序号	子指标含义	DTA 数据库指标	指标处理说明
06	数据保护/未披露信息保护	prov_80（是否为新农药的未披露测试或其他数据提供最低保护期限）、prov_81（是否为新制药产品的未披露测试或其他数据提供最低保护期限）、prov_82（是否为先前批准的制药产品的新适应症/配方/管理方法的新临床信息提供最低保护期限）、prov_83（是否为不受任何一方先前批准的化学实体的制药产品的未披露测试或其他数据提供最低保护期限）、prov_84（是否为包含或是生物制品的新制药产品的未披露测试或其他数据提供最低保护期限）	加总并标准化处理后，取值在0—1
07	工业设计保护	prov_86（是否要求保护工业设计的系统）、prov_87（是否要求作为物品的一部分体现的工业设计得到保护）、prov_88（是否提供最低保护期限）、prov_89（是否努力改进工业设计系统）	加总并标准化处理后，取值在0—1
08	版权保护	prov_91（是否要求提供复制的独占权）、prov_92（是否要求提供向公众传播的独占权）、prov_93（是否要求提供分发的独占权）、prov_94（是否规定作者与表演者/制作人之间没有等级）、prov_95（是否要求向未固定表演者提供授权或禁止其广播的权利）、prov_96（是否要求向未固定表演者提供授权或禁止其固定的权利）、prov_97（是否要求向表演者和制作人提供授权或禁止其通过有线或无线手段广播或进行其他公共传播的独占权）、prov_98（是否规定最低版权保护期限）、prov_99（是否包括双方努力寻求合法公共目的平衡的规定）、prov_100（是否包括双方努力寻求确保对视障人士/视障人士有正常发行作品访问的平衡的规定）、prov_101（是否要求保护免受试图规避技术保护措施的人的侵权行为）、prov_102（是否要求保护免受修改权利管理信息的人的侵权行为）、prov_103（是否要求保护免受分发、进口、提供具有修改的权利管理信息的产品的人的侵权行为）、prov_104（是否规定集体管理组织应遵循的做法）	加总并标准化处理后，取值在0—1

续表

子指标序号	子指标含义	DTA 数据库指标	指标处理说明
09	保护的执行	prov_109（是否提供所有权或作者权的推定）、prov_110（是否要求最终司法决定和行政裁决以书面形式并向公众公布/公开）、prov_111（是否要求公布知识产权执法信息/统计数据）、prov_112（是否规定司法机关有权下令禁令救济）、prov_113（是否规定司法机关有权对伤害/损害/利润损失下令给予充分赔偿）、prov_114（是否规定司法机关有权命令出示证据）、prov_115（是否确立知情权，规定司法机关有权责令被控侵权人向司法机关和/或权利人提供相关信息）、prov_116（是否要求采取与涉嫌侵权相关的临时措施）、prov_117（是否要求采取措施保存与涉嫌侵权相关的证据）、prov_118（是否要求边境当局必须允许知识产权持有人申请扣押和暂停放行任何涉嫌假冒或盗版的进口商品）、prov_119（是否规定边境当局有权命令权利人提供合理的安全或同等保证）、prov_120（是否要求边境当局拥有扣押涉嫌假冒或盗版商品的当然权力）、prov_121（是否规定边境当局有权下令销毁侵权货物）、prov_122（是否规定主管机关有权对缔约方在边境实施行政程序的行为实施行政处罚）、prov_123（是否要求除特殊情况外，侵权商品在未销毁的情况下必须在商业渠道之外进行处置）、prov_124（是否要求各方对商业规模故意仿冒商标的行为规定刑事诉讼程序和处罚）、prov_125（是否要求各方对商业规模的故意盗版版权或相关权行为规定刑事诉讼程序和处罚）、prov_126（是否要求各方对未经授权披露/盗用商业秘密的行为采取刑事诉讼程序和处罚）、prov_127（是否要求各方将非法解码携带卫星信号的加密程序定为刑事犯罪）、prov_128（是否要求各方通过行政/法律程序（包括在海关）加强对地理信息系统的保护）、prov_129（是否规定政府机构必须使用非侵权计算机软件）、prov_130（是否需要类似于 DMCA 的 ISP 责任和安全港系统）、prov_131（是否需要在边境措施方面进行合作）	加总并标准化处理后，取值在 0—1

资料来源：世界银行深度贸易协定（DTA）数据库。

表 A.9　FTAs 竞争政策条款深度指标构建数据来源与说明

子指标序号	子指标含义	DTA 数据库指标	指标处理说明
01	规范反竞争行为范围	prov_15（协议是否禁止/规范卡特尔/一致行为?）、prov_16（协议是否禁止/规范滥用市场支配地位?）、prov_17（协议是否规范享有专有权利的承诺?）、prov_18（协议是否规范垄断?）、prov_19（协议是否规范国有企业的反竞争行为?）、prov_20（协议是否规范国家援助?）、prov_21（协议是否规范合并和收购?）、prov_25（协议是否规范不公平商业行为?）、prov_26（协议是否规范消费者保护?）	加总并标准化处理后，取值在 0—1
02	程序公正性	prov_22（协议是否包含促进可预测性的条款?）、prov_23（协议是否包含促进透明度的条款?）、prov_24（协议是否包含促进辩护权的条款?）	加总并标准化处理后，取值在 0—1
03	执法的协调与合作	prov_27（协议是否提供协调具有竞争职责的机构之间的机制?）、prov_28（协议是否提供具有竞争职责的机构之间的信息交流?）、prov_29（协议是否提供具有竞争职责的机构之间的通知?）、prov_30（协议是否提供具有竞争职责的机构之间的实施技术援助?）、prov_31（协议是否规定建立/存在一个区域/协议相关的竞争管理机构?）	加总并标准化处理后，取值在 0—1
04	是否有直接适用性	prov_32（协议的竞争相关条款是否具有直接适用性，即私营运营商可以在各方公共机构前主张适用?）	取值为 0 或 1

资料来源：世界银行深度贸易协定（DTA）数据库。

表 A.10　　FTAs 投资条款深度指标构建数据来源与说明

子指标序号	子指标含义	DTA 数据库指标	指标处理说明
01	投资准入自由化	prov_17（协议是否规定了投资设立/收购阶段的国民待遇?）、prov_18（协议是否为协议的设立/收购阶段提供最惠国待遇?）、prov_20（投资章节是否禁止或限制使用绩效要求?）、prov_21（投资章节是否包含一项规定，使涵盖的投资者有权任命高级管理职位和/或董事会成员，而不论国籍?）、prov_24（投资章节是否对承诺采取负面清单方式?）	加总并标准化处理后，取值在 0—1
02	投资保护	prov_27（协议是否为投资设立后阶段提供最惠国待遇?）、prov_29（协议中公平公正待遇条款（FET）是否明确提及司法不公?）、prov_30（FET 条款是否禁止任意、不合理或歧视性措施?）、prov_33（FET 条款是否参考了习惯国际法?）、prov_44（投资章节是否规定了代位求偿机制，使得如果保险公司承保投资者在东道国遭受的损失，保险公司就获得投资者提出索赔的权利，并可以在与之前保险公司相同的范围内行使这一权利?）	加总并标准化处理后，取值在 0—1
03	投资监管目标（价值观）	prov_46（投资章节是否提及"监管权"?）、prov_47（投资章节是否涉及环境保护?）、prov_48（投资章节是否涉及人权保护?）、prov_49（投资章节是否提及了劳动力?）、prov_50（投资章节是否提及企业社会责任?）、prov_51（投资章节是否提及可持续发展?）、prov_52（投资章节是否涉及腐败?）	加总并标准化处理后，取值在 0—1
04	是否包含 ISDS	prov_62（投资章节是否包括适用投资者与东道国之间争端的解决机制（ISDS）?）	取值为 0 或 1

资料来源：世界银行深度贸易协定（DTA）数据库。